LA

FAMILLE TILBURY.

III.

LA
FAMILLE TILBURY,

OU LA
CAVERNE DE WOKEY;

PAR

Mme LA COMTESSE DE MALARME,

NÉE DE BOURNON,

DE L'ACADÉMIE DES ARCADES DE ROME.

TOME TROISIEME.

PARIS,

CHEZ CRETTÉ, LIBRAIRE,

RUE SAINT-MARTIN, N° 94.

1816.

LA
FAMILLE TILBURY.

CHAPITRE PREMIER.

M. Eversfield apprit en même temps
le départ de sir Joseph et de son épouse,
que l'arrivée de Francis Lovering à
Romantic-Lodge. Il connaissait peu le
fils du baronnet; mais, en ayant entendu faire de grands éloges, il crut
pouvoir s'aventurer à lui faire une visite. Plusieurs motifs le portaient à désirer de le voir; il aurait voulu savoir
où sir Joseph avait conduit sa femme,
dont le sort l'inquiétait beaucoup. L'affreux procès intenté contre deux hom-

mes pour lesquels il avait une estime particulière troublait son repos ; il espérait que M. Lovering, moins obstiné que son père, chercherait à arranger cette affaire. Henri était disposé à faire tous les sacrifices pour arrêter des poursuites qu'il croyait injustes, et une suite d'horribles calomnies : il fut admis, sans aucune difficulté, en présence de Francis et de son ami. Dès la première ouverture, le jeune Lovering rassura l'Américain, en lui disant que le colonel et lui avaient été porter à Wells le désistement de toutes poursuites au nom de son père, qu'ils avaient retiré les pièces, et que les deux amis étaient parfaitement libres. En quittant Romantic-Lodge, M. Eversfield se fit conduire à Little-Hill. Depuis le départ de milord Cramburn et de George, on n'avait reçu aucune de leurs nouvelles. L'attachement que cet excellent homme

avait voué aux trois enfans de défunt
M. Tilbury, ne lui permettait pas de
se borner à gémir sur les événemens
désastreux qui les avaient éloignés du
lieu de leur naissance. En se fixant dans
les environs, il n'avait eu en vue que
le désir de s'occuper de leur bonheur,
et d'y contribuer de tout son pouvoir.
La disparition d'Adolphina, le départ
précipité de Théodosia, et la fuite de
George, jetèrent dans son âme les plus
vives inquiétudes. Une infortune aussi
inconcevable ne s'attache pas aux in-
dividus d'une même famille par un effet
du hasard. Ce funeste résultat devait
avoir une cause : il s'appliqua à la découvrir. Il ne pouvait douter que miss
Tilbury n'eût une très-grande part à
l'évasion de sa nièce Adolphina, puisqu'elle lui en avait fait l'aveu. Sans
aucun doute, Alfred était son complice ; mais quel pouvait être le but

qu'ils se proposaient ? Jamais il n'eût pu concevoir l'idée horrible qu'Esther eût été dépositaire infidèle de la fortune de sa nièce, et qu'elle l'eût fait disparaître pour n'être pas forcée, en lui rendant compte, de laisser voir un trop grand déficit. La fuite de George et de son ami s'expliquait. Prévoyant une infâme trahison, ils s'y étaient soustraits ; mais quel était l'objet de cette trahison, et comment sir Joseph l'avait-il pu concevoir ? Ordinairement on cache soigneusement dans une famille les actions déshonorantes dont un des membres se serait rendu coupable ; ici, c'est un beau-frère qui accuse injustement le frère de sa femme du plus odieux assassinat sur sa personne : cette conduite atroce devait avoir un motif. Quant au départ de Théodosia, exécuté aussitôt que conçu, il en devinait la raison : l'extrême jalousie du baronnet n'avait pas échappé à l'Américain. Le malheureux avait sans doute entraîné son épouse infortunée dans quelque endroit solitaire, où il la séquestrerait du monde entier. Peut-être Henri eût-il trouvé les moyens d'adoucir le sort de l'intéressante lady Lovering, s'il eût pu découvrir où sir Joseph l'avait conduite. Il eut encore recours à son nègre pour prendre des informations à ce sujet ; il chargea aussi son valet de chambre de ne point se relâcher dans sa surveillance relative aux habitans de Shelter-House ; et lui-même se disposa à faire un tour à Bath et à Bristol. La santé de milord Cramburn était déjà fort altérée avant l'affreuse aventure qu'il avait eue avec le baronnet ; il serait possible qu'il se fût rendu avec son ami dans un de ces deux lieux.

Avant de partir, M. Eversfield se présenta à Shelter-House, sous le pré-

III.

2

texte de faire ses adieux à miss Tilbury. Ne prévoyant pas sa visite, les gens ne furent pas prévenus, et l'Américain entra : il trouva Esther fort changée ; elle le reçut froidement. — Avez-vous eu des nouvelles de miss Adolphina, madame ? — Je n'ai rien à répondre à un étranger. — L'amitié est un sentiment qui lie les hommes autant et souvent plus que la nature, et j'en ressens beaucoup pour les enfans de votre respectable frère. — Comme je ne suis pas avec vous sous l'influence de l'amitié, vos questions ne peuvent que me paraître une très-indiscrète curiosité, que je n'ai nulle envie de satisfaire. — Il ne vous est donc jamais entré dans la pensée que les actions blâmables conduisent aux remords ? Savez-vous, miss Tilbury, concevez-vous les angoisses que doit éprouver l'être qui ne peut descendre dans sa conscience

sans en ressentir les atteintes aiguës ?
— Ce que je sais parfaitement, c'est
qu'il n'est rien de plus fâcheux que de
se trouver en présence de quelqu'un
que l'on déteste ; c'est pourquoi je vous
répète la prière de ne plus vous mon-
trer à mes yeux. Esther, en terminant,
allait se retirer ; l'impétueux Américain la retint rudement par le bras. —
Ne vous ai-je pas déjà dit, femme indigne du nom que vous portez, qu'il
viendrait un temps où vous éprouveriez
le vain regret de ne pouvoir revenir
sur le passé ? Hé bien, ce temps est près
d'arriver.—Cessez vos violences, monsieur, ou craignez que je n'aie recours
à l'autorité pour me débarrasser d'un
homme qui trouble mon repos, en sup-
posant même qu'il n'ait pas de plus
sinistres projets : quittez mon bras, et
retirez-vous. — Il me serait facile de
réduire aux plus humbles supplications

celle qui affecte en ce moment de ne rien craindre : il est encore en votre pouvoir d'obtenir mon indulgence ; indiquez-moi dans quel lieu vous retenez votre malheureuse nièce ; songez que je serai implacable si vous persistez à rejeter mes avertissemens. — Votre audace m'amuserait, si elle ne me paraissait être le résultat de la démence ; mais un fou pouvant être dangereux , je vous ordonne de sortir. Esther avait atteint le cordon d'une sonnette, qu'elle tira avec force. — Adieu , dit Henri , plus de *grâce ;* vous en êtes prévenue : l'orage gronde, la foudre vous frappera, et je jouirai sans pitié de vos gémissemens. En traversant l'antichambre, il vit Josepha qui l'attendait sur son passage : un valet accourait, ce qui fit que Henri ne put rien dire à la jeune fille ; mais il lui fit signe de le suivre. Arrivé au bas de l'escalier, il se retourna. — Avez-vous des nouvelles, Josepha? — Aucune; madame est fort inquiète, Worm n'écrit plus. — S'il arrivait quelque chose de nouveau, faites-le savoir à Nothing-Place. Elle le lui promit, et ils se séparèrent.

Le départ de M. Eversfield ne fut remis que jusqu'au lendemain; il laissa à Nothing-Place Urban et Noah : ils avaient déjà reçu leurs instructions. Il donna l'ordre au concierge de lui faire parvenir, à Bristol et à Bath, toutes les lettres qui pourraient venir pendant son absence, et n'emmena avec lui qu'un domestique, qui était à son service depuis peu de temps. Puissent les démarches de cet honnête homme avoir tout le succès qu'il en espère! Je ne le suivrai pas; il sera assez temps de le remettre en scène, s'il fait des découvertes favorables aux objets qui semblent l'intéresser si vivement. Le sort de milord Cramburn et celui de George appellent en ce moment mon entière attention.

CHAPITRE II.

Après être restés quelques jours cachés chez M. Graham, lord John et George se décidèrent à quitter Bristol. En changeant de nom et de costume, ils ne pouvaient craindre d'être reconnus. George n'avait jamais habité que le Somersetshire ; il ne put ouvrir aucun avis. Milord Cramburn lui proposa d'aller dans le Dorsetshire, et que là ils attendraient le résultat des démarches que ferait M. Graham, dont ce dernier leur promit de les informer sitôt qu'ils se seraient fixés dans un lieu où il pourrait leur adresser ses lettres.

Leur voyage n'eut rien de remarquable jusqu'à leur arrivée au lieu de leur destination. La presqu'île de Portland, par sa situation isolée, leur parut un lieu propre à pouvoir y séjourner sans crainte d'être reconnus. Ce lieu, qui n'offre rien de curieux, y attire rarement des étrangers. Le vieux château, bâti sous le règne et par l'ordre de Henri VIII, assez conservé, quoique d'un aspect désagréable, n'était occupé que par un vieux concierge et sa famille. Quelquefois cet homme se permettait d'en louer une partie à des personnes qui avaient des raisons pour vivre ignorés. Cette presqu'île est la plus triste habitation, et la moins propre à la santé; elle est entourée de rocs inaccessibles, et ne produit d'utile que de belles pierres, les seules dont on se sert, en Angleterre, dans les bâtimens, pour tenir lieu de pierres de taille. *

* On les nomme pierres de Portland.

A leur arrivée dans ce triste lieu, on leur dit qu'ils pourraient se loger au château s'ils le désiraient ; ils s'y rendirent. Le concierge, d'une figure peu agréable, leur fit beaucoup de difficultés. Les pièces seules habitables étaient, disait-il, occupées : ce qui lui restait de vacant n'était point du tout logeable ; d'ailleurs il avait promis à la famille qui était au château de n'y admettre aucun étranger. Une offre de beaucoup au-dessus de ce que cet homme intéressé pouvait espérer leva tous les obstacles ; mais il mit pour condition que ni les maîtres ni leur domestique ne se montreraient jamais dans la partie du château située au nord. Il les fit passer par un côté opposé : une petite porte, donnant au pied d'un escalier étroit et un peu dégradé, les conduisit à un appartement composé de plusieurs pièces, dont les tapisseries et les rideaux des lits, presqu'en lambeaux, ne pouvaient donner aucune idée de ce qu'ils avaient été dans leur origine. Voyant dans ses nouveaux hôtes une générosité peu commune, M. Black-bird (nom du concierge) s'engagea à faire arranger, par sa femme et ses enfans, les deux chambres que les gentlemen choisiraient. Il les pria d'aller se promener dans les environs, toujours en évitant d'être vus des fenêtres regardant le nord, leur promettant qu'à leur retour, trois heures après, ils trouveraient tout disposé pour les recevoir.

La promenade qu'ils firent les confirma dans l'idée qu'ils avaient conçue à leur arrivée. Portland-Peninsula n'offre que des points de vue repoussans ; il semble que la nature permette à regret qu'il paraisse, en ce triste lieu, le plus léger échantillon des richesses dont elle est si prodigue dans d'autres.

Le seul espoir de voir bientôt cesser leur exil leur donna le courage de se résigner à leur situation présente.

En rentrant, ils furent étonnés du changement opéré dans si peu de temps. Monsieur et mistress Blackbird et trois de leurs enfans finissaient de mettre tout en ordre. La mère demanda aux étrangers s'il leur convenait qu'elle leur fît la cuisine ; la proposition fut acceptée.

Les deux amis avaient entendu citer avec beaucoup d'indifférence la famille qui occupait une partie du château : naturellement ils étaient peu curieux. Ne voulant communiquer avec personne, ils auraient évité leurs voisins, si ceux-ci avaient témoigné le désir de faire leur connaissance ; mais ils n'eurent point la peine de s'y refuser. Les gens en question vivaient très-retirés, et d'ailleurs ignoraient qu'il habitât d'autres personnes dans le château, que le concierge et sa famille; il paraissait même que Blackbird redoutait beaucoup que ses premiers hôtes fussent informés qu'ils n'étaient pas seuls. Pour ne pas désobliger le concierge, dont ils n'avaient qu'à se louer, lord John, George, et leur domestique, faisaient le moins de bruit possible; et quand ils sortaient, ils prenaient des précautions pour n'être pas aperçus des fenêtres situées au nord.

Blackbird avait quatre enfans, deux fils et deux filles : l'aîné des garçons était placé en Irlande; l'autre, fort jeune, disgracié de la nature, demeurait avec ses parens; la plus âgée des filles, Mathilda, avait dix-huit ans : elle était d'une figure agréable, sa taille élevée aurait pu servir de modèle; la cadette, plus jeune de deux années, nommée Clara, était un peu moins grande, mais beaucoup plus jolie. Cette dernière était modeste et timide : George remarqua qu'elle restait presque toujours seule dans sa chambre. Les travaux du ménage regardaient uniquement Mathilda et sa mère : M. Tilbury fit observer à son ami combien il se trouvait de différence entre les deux sœurs. Clara semblait tout-à-fait déplacée au milieu de sa famille : son ton, ses manières, la faisaient considérer avec une sorte de respect, même par ceux de qui elle paraissait dépendre. Milord Cramburn convint que cette fille était faite pour s'attirer les égards. Curieux de savoir pourquoi son éducation était plus soignée que celle de sa sœur, il en fit la question à son père. Celui-ci répondit que Clara avait été élevée à Edimbourg avec une jeune personne de son âge, qui, l'ayant prise en affection, pria ses parens de la lui donner pour compagne. — Elle n'est de retour que depuis dix mois, ajouta Blackbird, et je vous avouerai que nous ne l'avons pas reconnue; à la vérité, elle n'avait que six ans quand nous consentîmes à la céder à M. Ross. Miss Amélia Ross l'aimait comme sa sœur. — Et pourquoi se sont-elles séparées? demanda George. — Vous allez le savoir : M. Ross est un honnête homme ; mais une fois qu'il a résolu de faire une chose, aucun pouvoir humain ne pourrait obtenir qu'il en fît une autre. Un de ses amis, possesseur d'une grande fortune en Amérique, où il occupe un poste honorable, était à Edimbourg, quand mistress Ross mit au monde miss Amélia : dès ce moment, ils jurèrent, l'un de refuser à sa fille tout autre époux que son ami, l'autre de n'avoir jamais d'autre femme qu'Amélia. M. Sedgmoor avait alors trente-trois ans; il ne leur entra pas dans l'esprit qu'à l'âge où miss Ross pourrait se marier, son prétendu approcherait de la cinquantaine : ce qui ferait une disproportion ridicule. Fidèle à sa promesse, M. Ross signifia à sa femme et à sa fille, que, dès que cette dernière aurait atteint seize ans, il l'enverrait en Amérique. Amélia ne pensait à cet instant qu'avec désespoir ; sa mère, loin d'approuver son mari, plaignait Amélia ; vainement elle avait mis en usage tous les moyens de persuasion pour faire changer une résolution qui ne pouvait que rendre sa fille infiniment malheureuse. M. Ross aurait préféré voir Amélia descendue au tombeau, plutôt que de manquer à sa promesse. La mère et la fille redoutaient l'époque fixée par le plus obstiné de tous les hommes : elle arriva, et il fallut obéir. Mistress Ross, malade de chagrin, ne put pas conduire sa fille au vaisseau sur lequel elle devait s'embarquer : M. Ross prit sa place. Clara devait partir avec sa maîtresse ; elle était déjà montée à bord, lorsque la vue de la mer lui causa un tel effroi, qu'elle en éprouva d'horribles convulsions : miss Amélia, craignant de la voir expirer, exigea qu'on la remît à terre. M. Ross était reparti aussitôt ; ainsi, il ne sut pas l'accident arrivé à Clara. Cependant comme miss Ross ne pouvait rester sans femme de chambre, on lui envoya une jeune fille fort douce, qui était la filleule du capitaine. Clara revint nous trouver ; et, comme je vous l'ai dit, aucun de nous ne l'a reconnue : nous n'avions eu aucune occasion de la voir depuis que mistress Ross s'en était chargée. La pauvre enfant n'a rien gagné à être élevée en demoiselle : sa condition actuelle lui paraît dure, en comparaison du sort dont elle jouissait ; mais elle est douce, complaisante : j'espère qu'elle s'accoutumera à ses nouvelles occupations ; nous n'exigeons encore d'elle que fort peu de chose pour ne pas la rebuter ; d'ailleurs elle aimait tant miss Amélia, qu'elle ne peut se consoler d'en être séparée. Les étrangers, et surtout George, prirent bonne opinion d'une jeune fille douée de tant de sensibilité. Sans le vouloir, même sans s'en douter, les deux amis, quand ils se rencontraient avec Clara, la traitaient avec une sorte d'égard : son abord avait quelque chose d'imposant. Losely, le valet de milord, parlait avec familiarité à Mathilda ; et naturellement, quand il s'adressait à sa sœur, il disait miss Clara. Les expressions dont se servait cette dernière n'avaient rien de la trivialité de celles dont le reste de la famille faisait usage. —

III.   5

Pouvoir de l'éducation ! s'écriait lord John ; qui douterait de ton ascendant en voyant et écoutant cette fille étonnante ? — Je pense, mon cher John, dit George, que la seule éducation, quelque soignée qu'elle soit, ne suffirait pas si elle n'était aidée par d'excellens exemples ; je pense, en outre, qu'il faut y joindre des dispositions propres à recevoir des impressions favorables. Je ne puis me figurer que Mathilda, bonne créature d'ailleurs, dans la position où s'est trouvée sa sœur, fût devenue, comme Clara, un modèle de perfection humaine. Milord ne put s'empêcher de remarquer l'enthousiasme avec lequel son ami avait prononcé ces derniers mots. Un éloge aussi exagéré lui donna l'appréhension que George n'eût conçu une forte prédilection pour la plus jeune fille du concierge, et il lui fit part de ses craintes.

— Je ne vous dissimule pas, répondit le jeune homme, que j'admire Clara plus que je n'ai encore admiré aucune personne de son sexe; j'avouerai de plus que, depuis que je la connais, je me suis promis de ne me marier qu'à la femme qui aura quelque ressemblance avec elle, sinon au physique, du moins au moral. — Il est cependant peu de caractères qui aient moins de ressemblance que celui de Clara et le vôtre : vous êtes gai quelquefois jusqu'à la folie, elle est sérieuse et réservée; vous avez une extrême vivacité, elle est posée et réfléchie; vous parlez avec feu et fort haut, elle s'exprime froidement; sa voix est toujours douce et jamais élevée; au total, jamais deux êtres n'ont eu moins de similitude. — Si je rencontrais une seconde elle-même, et qu'il se trouvât entre nous cette convenance de convention, que la sottise des hommes a érigée en absolue nécessité, il me semble que cette différence que vous dites qui existe entre nous disparaîtrait bientôt; il est si facile de se corriger de ce qui déplaît à la personne qu'on aime. Milord Cramburn ne poussa pas plus loin une conversation qui ne l'avait déjà que trop éclairé sur le danger que courait la liberté de son ami, en restant long-temps au château de Portland.

Depuis leur arrivée, lord John avait écrit à M. Graham; et jusqu'au moment où il recevrait sa réponse, ils ne pouvaient s'éloigner.

Milord Cramburn avait raison; le pauvre George avait conçu pour l'aimable Clara la plus violente passion : ce jeune homme ne sentait rien modérément. Les conseils salutaires de John avaient tempéré la violence de son caractère, sans avoir pu la détruire. Les

charmes de Clara avaient attiré ses regards : son esprit et sa douceur l'avaient
tellement captivé, qu'il ne pensait à se
séparer d'elle qu'avec une sorte de désespoir. Malgré le soin que lord John
mettait à empêcher qu'ils ne se trou-
vassent ensemble, George parvenait à
tromper sa surveillance, et souvent il
avait le suprême bonheur de se promener, dans un enclos situé au sud, avec
lat rop charmante Clara. Leur conversation n'avait jamais rien de particulier :
la réserve et le ton froidement poli de
cette étrange fille en auraient imposé à
l'homme le plus dissolu. George n'était
qu'un étourdi, et jamais il n'aurait osé
parler d'amour à Clara, puisqu'il **ne**
pouvait joindre à sa déclaration l'offre
honorable de sa main et de sa fortune.

Les choses étaient dans cet état quand
M. Graham écrivit aux exilés qu'ils
étaient parfaitement libres, et que ce

n'était pas à ses démarches qu'ils le de-
vaient ; ensuite il leur rendait compte
du départ du baronnet avec sa famille,
du retour de son fils, et de la loyauté
avec laquelle ce dernier s'était hâté de
retirer la plainte de son père, etc....
Cette nouvelle fit une impression bien
différente sur les deux amis. Lord John
se félicitait d'enlever George d'un lieu
qui pouvait devenir un écueil pour sa
vertu. Le jeune Tilbury, ne doutant
pas que leur départ ne fût très-pro-
chain, éprouva une douleur qu'il ne
chercha pas même à cacher. Milord
Cramburn feignit de ne s'en être pas aperçu, et annonça leur départ à la famille.
Clara était alors avec ses parens ; elle
devint pâle et tremblante. George, qui
avait les yeux fixés sur elle, vit son
changement. — Clara se trouve mal !
s'écria-t-il, en s'élançant vers elle. La
jeune personne, surmontant son émo-

tion, le remercia et se leva pour sortir.
— Arrêtez, miss Clara, dit l'étourdi
en saisissant sa main, et veuillez m'é-
couter. Je jure, en présence de vos
parens et de mon ami, que nulle autre
que l'adorable Clara ne deviendra la
compagne de ma vie. — Monsieur, je
ne reçois et n'approuve pas un serment
que rien ne vous autorise à faire. — Je
suis majeur et maître absolu de mon
sort. — George, que faites-vous? dit
tristement lord John; votre imprudence
peut entraîner le malheur de Clara, le
vôtre et celui de votre famille. — Ne
craignez rien, monsieur; celle que le
sort n'a pas destinée à faire le bonheur
de votre ami ne se rendra pas indigne
du choix qu'il avait daigné en faire,
en cherchant à l'écarter de ses devoirs.
Jamais Clara Blackbird ne sera l'épouse
de George; que cette assurance vous
tranquillise. — Cruelle fille! s'écria im-

pétueusement le jeune homme ; avec quel sang-froid vous prononcez mon arrêt de mort ! — Monsieur, dit Clara, en s'adressant à lord John, je vous engage à hâter votre départ : cette entrevue est la dernière que j'aurai avec votre ami ; l'éloignement m'aura bientôt chassé de son souvenir. — Jamais ! jamais ! fille adorable, je ne cesserai de penser que si vous l'aviez voulu, j'aurais été le plus heureux des hommes. En ce moment, on vit entrer une jeune fille qui paraissait fort agitée ; elle s'adressa au concierge. — Je vous prie, monsieur, de faire chercher bien vite un médecin : l'enfant de mes maîtres est à l'extrémité. Avant de se retirer, elle leva les yeux, et l'on entendit en même temps ces mots : *Milord Cramburn, Jenny.* — Ainsi ce sont vos maîtres qui habitent le château ? — Oui, milord ; mais, comment vous trouvez-vous ici ? — Avant tout, dit lord John, occupons-nous de procurer des secours à Idamira. Le fils du concierge partit sur-le-champ pour aller chercher le seul chirurgien qui fût dans les environs ; milord voulut absolument l'accompagner, afin de le ramener lui-même. — Surtout, dit Jenny, ne paraissez pas aux yeux du baronnet. — Croyez que je prendrai les plus grandes précautions pour éviter d'en être vu ; et vous, Jenny, ne dites pas à votre maîtresse que je suis ici.

George, rassuré sur la crainte de partir immédiatement, reprit une sorte de tranquillité, et s'informa à Jenny de la santé de sa sœur. — Elle se porte autant bien que sa triste situation peut le permettre. La pauvre dame aurait dû succomber à l'excès des maux dont elle est la proie. — Sir Joseph la rend donc malheureuse ? — Pouvez-vous me

III.   4

le demander? Liée pour la vie à son bourreau, elle ne désire que la mort, seul remède à ses souffrances. Le concierge et sa famille écoutaient dans le silence : tout ce qui s'était passé depuis deux heures était pour eux un sujet du plus grand étonnement. L'explication qui avait eu lieu entre les deux *gentlemen* et Clara, n'avait nullement surpris Mathilda ; elle connaissait, par une suite de ses observations, les sentimens de George pour sa sœur ; mais elle n'était pas également sûre de ceux de Clara. Blackbird et sa femme ne concevaient pas comment un homme, qui leur paraissait d'un rang élevé, avait pu devenir amoureux d'une fille si fort au-dessous de lui ; ils le comprirent encore plus difficilement en entendant Jenny donner le titre de milord à l'ami de George.

En retournant auprès de ses maîtres, Jenny se disait : si milady pensait comme moi, elle n'hésiterait pas
à solliciter les secours de son frère et
de milord pour se soustraire à la ty-
rannie du plus méchant de tous les
hommes ; mais je la connais trop bien
pour oser même lui dire que ces deux
messieurs sont ici. Pour être vraiment
vertueux, il faut, je le vois, faire les
sacrifices les plus douloureux. J'admire ma maîtresse, mais je prie le Ciel
de ne pas me faire subir une épreuve
aussi terrible : je craindrais trop de ne
pouvoir imiter un si beau modèle.

Le temps pressait ; Idamira se mou-
rait, et les secours n'arrivaient pas :
cependant milord s'était rendu au
bourg le plus voisin ; l'absence du
chirurgien fut cause du retard. Quand
cet homme rentra chez lui, où lord

John l'attendait, sa vue ne prévint pas ce dernier en sa faveur; il avait plutôt l'air d'un boucher que d'un médécin : néanmoins, ne pouvant choisir, il l'emmena au château. En arrivant, il le pria de ne pas dire qu'il avait été cherché par un autre que par le fils du concierge. — Je ne suis pas dans l'habitude, monsieur, de tromper les personnes qui ont de la confiance en moi : si l'on me questionne, je dirai la vérité. Jugeant avec raison que l'esculape ne résisterait pas à un argument palpable, milord Cramburn lui glissa quelques guinées dans la main. Ce moyen parvint, en une seconde, à changer la contenance et les paroles de l'homme naguère si véridique et si loyal. Non-seulement il s'engagea à ne pas dire ce qu'on voulait taire, mais il proposa de dire tout ce qui lui serait dicté. Son offre ne fut ni acceptée ni rejetée ; mais on se réserva d'user de sa bonne volonté dans l'occasion.

Le docteur Knock fut conduit dans la chambre de l'enfant malade. Ida-mira était dans les convulsions de la mort, et expira avant que le médecin se fût approché de son lit. Milady, étendue sur les restes de sa fille, ne donnait aucun signe de vie. On ne parvint qu'avec beaucoup de peine à l'arracher de ce lit de douleur, pour la placer sur le sien. Le chirurgien la fit revenir, et chercha à la consoler par des phrases vulgaires, les seules dont il fut dans le cas de faire usage. Sa figure, son ton, le son de sa voix et ses paroles étaient si éloignés de tout ce que Théodosia avait vu et entendu jusqu'alors, que les premiers mots qu'elle articula furent une prière de la laisser reposer. Knock ordonna

qu'on lui fît prendre du water gruel * :
c'était le remède qu'il avait adopté pour
presque toutes les maladies. En cela on
ne pouvait le blâmer ; mieux valait
celui-là qu'un autre : s'il ne guérissait
pas le malade, il ne pouvait du moins
lui faire aucun mal. En quittant l'appartement de milady, suivi par Jenny,
le docteur s'apprêtait à gagner l'escalier pour s'en aller, quand il rencontra
dans la dernière pièce sir Joseph, qui
demandait avec humeur à Mathilda,
pourquoi l'on avait été chercher un
médecin sans ordre. En jetant par hasard les yeux sur Knock, le baronnet
fit un pas en arrière, et changea de
couleur ; de son côté, le médecin témoigna une grande surprise en apercevant sir Joseph : tous deux restèrent
quelques instans à se regarder, sans ou-

* Eau de gruau.

vrir la bouche. Sir Joseph recouvra le premier sa présence d'esprit, et, d'une voix altérée, il pria le docteur de le suivre dans sa chambre. Jenny et Mathilda avaient fort bien compris que ces messieurs ne se voyaient pas pour la première fois, et même que leur mutuelle rencontre n'était agréable ni à l'un ni à l'autre. La fille du concierge cependant fit beaucoup moins d'attention à cet événement, que Jenny : celle-ci avait des raisons pour ne pas croire que son maître fût, ainsi qu'il le répétait souvent, l'homme le plus vertueux de l'Angleterre; elle l'avait vu pâlir et se troubler en apercevant le médecin. De son côté, ce dernier était interdit et gêné : s'ils ne se connaissaient que sous le rapport d'honnêtes gens, ils se fussent sûrement mieux accueillis, pensait-elle. En rentrant près de sa maîtresse, elle fut étonnée de ne pas la trouver dans son lit. Elle croyait, comme milady l'avait dit, qu'elle se sentait disposée au repos. L'infortunée mère était à genoux devant le lit de sa fille, dont elle pressait la main contre ses lèvres. Jenny se mit aussi à genoux pour supplier sa maîtresse de ne pas s'abandonner à la douleur; elle parvint à reconduire Théodosia dans sa chambre, attenante à celle d'Idamira, et la décida à se mettre au lit. Une fièvre avec un violent transport s'emparèrent de cette infortunée mère. Jenny effrayée courut à l'appartement du baronnet, pour avertir le docteur que sa maîtresse avait besoin de ses secours ; elle s'était approchée sans précaution de la porte, à laquelle elle allait frapper, quand quelques mots qu'elle entendit prononcer au médecin excitèrent sa curiosité. — Vous connaissez, disait-il, ma force, ma témérité, et surtout ma discrétion. Si vous avez encore besoin de mon bras, vous en pouvez disposer aux mêmes conditions que la première fois. — Vous parlez de conditions : de mon côté, elles ont été observées scrupuleusement ; mais vous, Knock, avez-vous tenu celles que je vous avais prescrites, et que vous aviez acceptées avec serment ? —Pouvez-vous me reprocher de m'être présenté à vos yeux ? Ne me suis-je pas tenu hors du chemin que la probabilité pouvait vous faire parcourir ? Devait-il m'entrer dans l'esprit que je vous rencontrerais dans un lieu aussi sauvage que la presqu'île de Portland ? Jenny, pressée par le désir de procurer du soulagement à sa maîtresse, ne s'arrêta pas plus long-temps, et se hâta de frapper. En informant du motif de son arrivée, elle jeta un coup d'œil sur son maître : tous ses traits lui parurent renversés. —

Milady est en danger ! s'écria sir Joseph. Ah ! mon cher Knock, mettez en usage toute votre science pour la sauver. Le docteur, suivi du baronnet, se transporta près de l'intéressante malade. Après s'être assuré que son état était une suite naturelle de la fatigue et du chagrin, il répondit de sa vie, et même de sa prompte guérison.

En veillant à côté du lit de milady, Jenny se rappela l'étrange conversation du baronnet et du médecin. Toutes les actions qui exigent un grand mystère manquent rarement de faire naître des idées défavorables dans l'esprit de ceux qui ont toujours eu une conduite franche. Certainement il s'était passé entre sir Joseph et ce Knock quelque chose de répréhensible : Jenny ne présumait pas ce que ce pouvait être ; soit indiscrédition, ou tout autre motif, elle se proposa d'en faire part à milord Crainburn, bien résolue de n'en pas parler à sa maîtresse.

Il ne fallait pas être un grand docteur pour juger que l'état de milady n'avait d'autre cause que la privation de sommeil, pendant plusieurs nuits qu'elle avait gardé sa fille, et la douleur de sa perte; cependant l'événement ayant confirmé la sentence de Knock, il fut considéré au château comme un médecin distingué. Lord John, à qui, pour son argent, il allait fréquemment rendre compte de l'état de la malade, le crut aussi un très-habile homme, et lui proposa, quand milady n'aurait plus besoin de ses secours, de s'attacher à lui, lui promettant de forts émolumens et un logement à Little-Hill pour toute sa famille. Lorsqu'il fut le chercher, il avait trouvé chez lui cinq ou six enfans et sa femme. L'intérieur de leur maison annonçait plus que de la gêne dans les moyens pécunieux. Knock fit beaucoup de remercîmens, et demanda, avant de donner sa réponse, de se consulter avec son épouse.

Jenny vint trouver lord John au moment où le docteur sortait d'avec lui. Depuis la mort d'Idamira, elle n'avait pu quitter sa maîtresse. Cette dernière, se sentant infiniment mieux, exigea que la fidèle créature qui lui donnait tant de preuves de dévouement, allât prendre l'air dans les environs du château. Jenny profita de l'occasion pour avoir un entretien avec milord.

Quand elle lui eut rendu les paroles qu'elle avait surprises entre son maître et le médecin, lord John se repentit d'avoir fait des offres, et surtout celle de demeurer chez lui, à un homme tout au moins suspect : cependant il ne

dit rien à Jenny à ce sujet; seulement
il l'engagea à surveiller la conduite de
Knock, tant qu'il resterait au château.
Cette fille lui dit que, depuis la conversation que le hasard lui avait fait entendre, son maître avait eu plusieurs
entretiens secrets avec le docteur; elle
ajouta que l'humeur du baronnet aug-
mentait chaque jour, au point qu'elle
ne pouvait se défendre de frémir quand
il entrait dans la chambre de milady.
— S'il n'y a point d'indiscrétion, dit
lord John, à vous demander quelques
détails relatifs à votre prompt départ
de Romantic-Lodge, ainsi que des raisons qui ont engagé vos maîtres à se
retirer ici, vous m'obligeriez infiniment de me les donner. — Personne ne
m'ayant prescrit le silence, je crois
pouvoir vous satisfaire sans mériter
aucun reproche; ainsi donc demain,
si cela est agréable à votre seigneurie,

nous ferons une longue promenade du côté de votre logement ; s'il vous est possible de vous faire accompagner par M. Tilbury, je serai fort aise qu'il apprenne à quel méchant homme ma bonne et vertueuse maîtresse est unie. Milord lui promit de mener George avec lui, et ils se séparèrent.

CHAPITRE III.

Il était de très-bon matin quand Cécilia, ou Adolphina, quitta avec tant de regrets un lieu où elle avait trouvé un abri hospitalier. O vous, disait-elle en sanglotant, qui m'avez traitée comme un enfant chéri, vous que j'aime avec toute la tendresse d'une fille, daignez ne pas juger mon départ, nécessité par les circonstances, comme une marque d'indifférence ou de légèreté. Peut-être un jour me sera-t-il permis de vous rendre compte des impérieux motifs qui me guident. Vous m'approuverez : oh ! oui, j'en suis sûre ; vous avouerez que mon départ m'était prescrit par la prudence.

Telles étaient les réflexions de Cécilia, en s'éloignant de Green - Grove. Son intention était de ne pas s'arrêter à Bath ; mais à peine y fut-elle entrée, qu'elle éprouva un malaise, une défaillance qui la forcèrent à entrer dans la première auberge qui s'offrit à sa vue. Elle demanda qu'on voulût bien lui donner un verre d'eau : sa mise était de la plus grande simplicité. Mistress Hammond avait exigé d'elle qu'elle quittât les vêtemens de paysanne, que lui avait donnés l'obligeante fille de la ferme ; mais elle avait voulu conserver dans ses habits quelque chose qui ne la distinguât pas des personnes de l'état qu'elle avait embrassé. Cette circonstance lui fut favorable alors, puisqu'elle obtint le secours dont elle avait un si pressant besoin, sans exciter la curiosité des gens de l'auberge. La servante la fit entrer dans une espèce de parloir

commun, où il ne se trouvait qu'un
homme, qui avait le dos tourné, qui
déjeunait, et n'avait pas l'air de faire
attention à elle. — Serait-il possible,
demanda-t-elle très-bas à la fille d'auberge, d'avoir tout de suite du thé?
— Rien de plus facile; je vais vous en
chercher. Le malaise d'Adolphina aug-
menta, et les symptômes de la fièvre
se déclarèrent assez violemment. Effrayée à la seule idée de tomber malade
dans un lieu où qui que ce soit ne s'in-
téresserait à elle, elle essaya de sur-
monter le mal, et courageusement
elle voulut se lever pour appeler la
servante, payer sa dépense et partir;
mais, hélas! ses efforts furent vains;
elle retomba sur sa chaise : des larmes
inondèrent son visage, déjà décoloré
par les souffrances. — Que vais-je devenir? murmura-t-elle doucement. —
L'homme présent parut ne l'avoir re-

marqué que de ce moment ; il se lève, s'approche, et s'informe avec intérêt s'il peut faire quelque chose pour la soulager. Adolphina, surprise d'entendre une voix qui ne lui est pas inconnue, et dont le son porte la terreur dans tous ses sens, lève les yeux, et rencontre ceux.... d'Alfred Worm : une exclamation douloureuse lui échappe, et sa tête tombe sur une table. Worm, qui réellement ne la reconnaît qu'en cet instant, s'écrie, dans un transport de joie : — C'est elle ! enfin je la retrouve ! Fortune, je te rends grâce ! Cependant la crainte d'augmenter l'effroi d'Adolphina lui fit dissimuler une partie de son ivresse ; il lui prit doucement la main, et l'engagea à se calmer. Par un mouvement convulsif, elle retira sa main. Les différentes émotions qu'elle éprouvait avait appelé le sang sur son visage ; elle était fort rouge, et parais-

sait avoir recouvré ses forces. — Lais-
sez-moi, monsieur, dit-elle avec véhé-
-mence ; cessez de tourmenter une infortunée dont la vie n'a été, jusqu'à
présent, qu'une prolongation de supplice. Vous avez répandu sur mon existence des souffrances de tous genres.
L'excès du malheur donne de l'énergie.
Mon parti est pris ; je ne veux plus vous
craindre ; et s'il le faut, j'aurai recours
-aux tribunaux. A compter d'aujour-
d'hui, je brave vos menaces, et vo u
ordonne de mettre une fin à vos per-
sécutions. Le ton décidé d'Adolphin a
en imposa pendant quelques secondes
à Worm : il garda le silence. Exaltée
par l'indignation qu'elle éprouvait, elle
sentit ses forces revenir : se levant alors,
elle allait sortir du parloir, quand Alfred s'élança après elle, et la retint. —
Prenez garde à ce que vous allez faire,
lui dit-il d'un ton de voix terrible —

Mon père est à l'abri de vos perfidies; il dort en paix. — Il vous reste une sœur, un frère et un amant. — Malheureux! il ne vous manquait que d'ajouter la calomnie. — Avez-vous donc pensé que mes yeux eussent pu s'y méprendre. Tremblez pour Théodosia, pour George, et pour ce misérable Francis, unique cause de votre éloignement pour moi. — Eh bien! je cesse de dissimuler une préférence à laquelle Francis Lovéring a des droits; mais n'en induisez pas qu'il ait en rien influencé les sentimens de haine que vous m'avez toujours inspirés, et que votre conduite atroce a justifiés. Votre odieux amour a versé sur les plus belles années de ma vie l'amertume et les souffrances. Obligée de vivre dans une contrainte perpétuelle, il m'a fallu conserver dans mon triste cœur les peines dont il était dévoré. Toujours dans l'appréhension de découvrir un secret auquel était attachée la vie de celui que je révérais par devoir et par inclination. O mon père, si vous aviez connu mes tourmens, combien vous m'auriez plaint ! — Vous vous exaltez fort mal à propos, Adolphina ; toutes vos déclamations sont inutiles : ma bonne étoile vous a conduite sur mon chemin, je jure que la mort seule pourra nous séparer. — Eh bien ! tu mourras, dit une voix bien connue des interlocuteurs. Alors on vit s'élancer dans le parloir un homme qui saisit Alfred au collet. Worm et Adolphina prononcèrent ensemble le nom de M. Eversfield. Un hasard heureux avait guidé l'Américain, et lui avait fait choisir son logement où Adolphina était venue demander un verre d'eau. Avant de sortir, M. Eversfield avait l'habitude de déjeuner dans le parloir commun. La servante ayant négligé de fermer la porte, elle était restée ouverte. Au moment où l'Américain allait entrer, il reconnut Adolphina et Alfred. Naturellement il désira connaître le motif qui les avait rassemblés, et s'arrêta pour entendre le sujet d'une conversation fort animée. Ce fut avec beaucoup de peine qu'il contint la joie qu'il ressentait en retrouvant celle dont la disparition donnait tant d'inquiétude à ses amis ; mais il ne fut plus maître de ses sens quand il vit Worm jurer qu'il ne se séparerait pas d'Adolphina. Plus les efforts qu'il avait faits pour se modérer lui avaient coûté, et plus sa colère fut terrible. — Misérable coquin ! je te tiens : tu ne m'échapperas pas. Holà, quelqu'un ! venez m'aider à arrêter ce scélérat. — Craignez de vous repentir d'une précipitation qui ne peut que nuire à celle que vous croyez protéger. Adolphina est mon épouse. — Tu en imposes : n'as-tu pas été marié, il y a quelques mois, avec sa tante ? — Heureuse découverte ! s'écria Adolphina, en levant les bras et les yeux au ciel, en signe d'action de grâce. — Je le nie, dit avec fureur l'ex-précepteur ; le bruit s'en est répandu faussement. Miss Tilbury, instruite de mon union avec sa nièce, a renoncé à d'autres liens qu'à ceux de l'amitié ; mais nous sommes convenus de laisser croire cette assertion au public, jusqu'au moment où mon épouse serait retrouvée. — Tu en imposes, te dis-je. — Demandez à Adolphina ; elle est incapable de proférer un mensonge. Mistress Worm, je vous somme de dire la vérité à M. Eversfield. Adolphina baissa les yeux sans répondre. — De grâce, dit avec véhémence l'Américain, en s'adressant à la jeune personne, faites cesser l'incertitude qui me désespère. — Puisque ma dame s'obstine à garder le silence, voici un acte qui parlera pour elle ; alors Alfred tira de son portefeuille un papier, qu'il déploya, et mit sous les yeux de M. Eversfield. Hélas! ce brave homme vit avec horreur la confirmation d'une union exécrable. — Adolphina, qu'avez-vous fait ?—Ce que vous m'auriez conseillé de faire si vous aviez été témoin de ma situation. Voilà, ajouta-t-elle, un écrit qui m'autorise à refuser d'habiter avec M. Worm. Vous verrez qu'il s'y engage à tenir notre mariage secret jusqu'à ma majorité, et même alors à ne point user de violence pour me forcer à me réunir à lui ; promesse qu'il a déjà faussée : sans vous, j'allais encore redevenir sa victime. —Cet engagement, dit arrogamment Alfred, n'est d'aucune valeur aux yeux de la loi, puisqu'il n'est revêtu d'aucune formalité légale. Le contrat de mariage

est authentique : il ne peut être con-
testé. Je réclame mon épouse ; qui oserait me la refuser ? — Moi. — Quels
sont vos droits ? — Je vous les ferai
connaître ; en attendant , retirez-vous,
votre présence me fait horreur. — Venez , madame , dit Worm en saisissant
la main d'Adolphina , et voulant l'entraîner hors du parloir. — Arrêtez-
le, dit M. Eversfield , en s'adressant à
plusieurs valets de l'auberge qui étaient
accourus à ses cris ; menez-le chez un
juge de paix : je m'y rendrai quand
j'aurai conduit madame dans un appartement. Scélérat ! continua-t-il en fou-
droyant Alfred de son regard , avant
de prouver que tu es le mari d'Adolphina, il faudra prouver que tu n'es
pas celui de sa tante. Les spectateurs ,
surpris d'un événement qui paraissait si
extraordinaire, ne firent pas assez d'attention au principal acteur. A la me-

III.   6

nace d'être traduit chez le juge de paix,
Worm avait senti s'anéantir toute sa
hardiesse, et guettant le moment où la
porte était libre, il s'évada avec tant de
promptitude et d'adresse, qu'il dispa-
rut inopinément. Vainement on courut
après lui; il échappa à toutes les re-
cherches.

Le courage presque surnaturel, qui
avait animé Adolphina durant cette
terrible scène, s'évanouit en un instant.
L'infortunée tomba dans les bras de
M. Eversfield, au moment où il lui offrait la main pour l'aider à se soustraire
aux regards curieux de plusieurs étrangers attirés par le bruit. L'Américain
l'emporta, fut la déposer sur un lit; et,
après l'avoir vivement recommandée
aux soins de l'hôtesse et de la servante,
il courut chercher le meilleur médecin,
qu'il ramena avec une garde dont ce
dernier répondit. A son retour, il

trouva la jeune personne en pleine
connaissance, mais plongée dans un
très - grand abattement. Le médecin
prononça qu'elle avait la fièvre, et
avait besoin de beaucoup de tranquillité. Après avoir écrit son ordonnance
et donné ses instructions à la garde, il
s'en alla, en promettant de revenir le
soir. M. Eversfield exigea qu'il lui dît
si l'état de la malade avait quelque danger. Le docteur le rassura entièrement
à ce sujet, ne prévoyant même pas
qu'il pût y avoir aucune suite fâcheuse
à craindre. M. Eversfield fut trouver
l'hôte, et lui dit que, connaissant intimement les parens de la jeune dame,
il était de son devoir de la protéger, et
de pourvoir à ce qu'elle fût traitée avec
les égards qui conviennent à une personne vertueuse et bien née. —J'exige,
ajouta-t-il, qu'on veille à ce qu'elle ne
manque de rien, et qu'on la serve avec

zèle et exactitude : comme vous ne me connaissez pas, voilà vingt-cinq guinées qui mettront nos premières dépenses à couvert. L'hôte refusa de rien accepter d'avance ; la jeune dame et lui portaient sur leur figure un certificat de probité, qui ne permettait aucun doute qui fût injurieux à l'un ou à l'autre.

Huit jours suffirent pour rendre la santé à Adolphina. L'intérêt que lui témoignait M. Eversfield avait fait naître un sentiment dont elle ne pouvait se rendre compte. Ce n'était pas seulement de la reconnaissance ; sans doute elle lui en devait beaucoup pour toutes les marques de dévouement qu'elle en avait reçues ; mais tout autre qui se serait conduit comme lui n'aurait pas excité dans son cœur l'émotion tendre qu'elle éprouvait en sa présence. Il lui semblait, quand il entrait dans sa chambre, qu'elle devait lui donner les mêmes preuves de tendresse qu'elle se plaisait à prodiguer à son père. Quand il prenait et pressait sa main, elle portait involontairement la sienne à ses lèvres. Une fois il lui arriva de l'appeler son père : en entendant cette douce dénomination, l'excellent homme la saisit dans ses bras, et l'appuya contre sa poitrine. Loin de se formaliser de cette familiarité, Adolphina resta dans la position où il l'avait placée, et répéta doucement : — Mon père ! Puis, revenant à elle, elle rougit, non de honte, comme il arrive quand on a fait une chose condamnable, mais de crainte d'être improuvée. — Pardonnez, dit-elle avec timidité; l'illusion était complète : je croyais reposer sur le sein de mon père. — Ne cessez pas, aimable enfant, d'avoir cette pensée ; oui, je suis votre père, ou du moins vous m'êtes aussi chère que si vous étiez ma fille.

Dès qu'Adolphina eut recouvré ses forces, elle demanda conseil à l'Américain sur le lieu où elle pourrait se retirer : l'absence de milady Lovering lui ôtait un asile. D'après l'assurance que M. Eversfield lui avait donnée que sa tante avait épousé publiquement Alfred Worm, elle ne devait ni ne pouvait retourner à Shelter-House. — Avant peu de temps, lui dit-il, rien ne s'opposera à ce que vous veniez vous établir à Nothing-Place. Adolphina le regarda d'un air étonné. — Ne concevez aucune inquiétude : ma fille : ma tendresse ne peut rien vouloir qui ne soit d'accord avec l'honneur et la raison. Vous habiterez ma maison de votre plein gré, et votre vieil ami n'aura aucune peine à vous y déterminer. Laissous cet objet pour le moment ; nous y reviendrons. A présent, permettez-moi une question : les mystères qui ont dû vous envelopper si long-temps subsistent-ils encore ? Il me semble que le scélérat qui vous les avait prescrits vous a relevé de votre promesse en faussant la sienne ; peut-être trouverez-vous quelque douceur à déposer vos secrètes peines dans le sein compatissant d'un ami qui vous est tout dévoué. — Je ne me crois plus forcée à garder le silence sur l'événement qui a commencé ma carrière de malheur, et je n'hésite point à vous donner une marque de confiance que vous méritez sous tous les rapports. Souffrez seulement que je me recueille quelques instans ; demain, vous connaîtrez toutes mes infortunes. Jamais, peut-être, aucune femme avant moi n'a passé par d'aussi rudes épreuves. Des larmes baignaient les yeux d'Adol-

phina. — Je fus bien malheureuse, dit-
elle en joignant ses mains, mais j'ai
rempli un devoir sacré. Dieu l'a voulu
ainsi : je me suis résignée. Le jour suivant Adolphina, exacte à remplir la
promesse qu'elle avait faite à M. Eversfield, commença, comme il suit, le
récit qu'il lui avait demandé.

« Il y a quelques années, mon père
vivait encore, et une femme respectable avait remplacé ma mère, par les
soins et la tendresse qu'elle prodiguait
aux enfans de celle qui avait été autant
son amie que sa maîtresse ; il y a quelques années, dis-je, que Théodosia et
moi dirigeâmes un jour notre promenade vers l'ouverture d'une caverne
située au pied de la montagne Men-
diss, que vous connaissez, puisque
Nothing-Place en est à peu de distance.
Cette caverne, dont il est possible que
vous ayez entendu parler, faisait alors

le sujet de la conversation de tous les habitans du village de Wokey. Un très-grand nombre de paysans crédules croyaient et voulaient faire croire aux autres que le trou de Wokey, c'est ainsi qu'on appelle l'entrée de la caverne, recélait dans son flanc un animal terrible par sa grosseur et sa férocité. Cette ridicule histoire s'était propagée depuis plus d'un siècle. Je la trouvais, comme vous le pensez bien, absurde : les gens sensés étaient de mon avis ; mais il fallait autre chose que des mots pour dissuader le vulgaire. Hélas ! je conçus le fatal projet de détruire entièrement des bruits qui ne pouvaient avoir aucun fondement. Plusieurs fois j'avais proposé à ma sœur de m'accompagner dans la visite que je désirais de faire à la bête redoutable. Théodosia, sans croire à la réalité des rapports, n'était cependant pas très rassurée sur

ce qui avait pu y donner lieu, et refu-
sait toujours de me seconder dans une
démarche qui me paraissait si simple.
Je la menaçai de m'exposer seule au
danger : en prononçant ce mot, je sou-
riais ; elle s'impatientait, me grondait,
et m'accusait de témérité. Nos petits
débats avaient lieu devant nos parens,
et souvent nos gens en furent témoins.
Durant toute une semaine, je disais
chaque jour : Demain, je vous amu-
serai du détail de mes inutiles recher-
ches. Théodosia évitait le plus possible
de diriger nos promenades vers Wokey-
Hole. Décidée à ne plus remettre l'exécution d'un projet que je croyais bien
raisonnable, j'eus soin d'occuper ma
sœur par une conversation intéressante,
afin d'empêcher qu'elle ne devinât mon
intention. Arrivées à l'ouverture de la
caverne, sans qu'elle eût conçu le moindre soupçon, je me préparais à y entrer,

quand Théodosia me retint fortement
en me suppliant de ne pas persister
dans une détermination aussi impru-
dente. C'était sûrement un pressenti-
ment du malheur qui devait m'arriver,
et qui doublait à ses yeux le danger.
Insensée! je refusai de me rendre à ses
instantes prières ; et, me débarrassant
doucement de ses bras, je m'élançai
dans l'antre fatal. Je n'y trouvai d'abord
qu'une grande obscurité : aucun bruit,
excepté celui que je faisais en marchant,
ne vint frapper mon oreille. J'avançai
sans défiance, riant en moi-même des
vaines frayeurs de Théodosia, quand
tout-à-coup je me sentis saisir par le
milieu du corps : une lanterne sourde,
que j'entendis tourner, fut présentée à
mon visage du côté de la clarté, et une
voix prononça assez bas : — Il n'y a
point de méprise. Je jetai un cri qu'il
me fut impossible de répéter ; un des

hommes, ils étaient deux, m'attacha
un mouchoir sur la bouche, tandis que
l'autre, m'enlevant de terre, me prit
dans ses bras, et m'emporta en cou-
rant. Je me débattais avec assez d'avantage pour forcer le ravisseur à me lâ-
cher, mais ce fut dans l'intention de
m'ôter les moyens de me défendre. Les
misérables s'étaient munis de cordes ;
ils me lièrent les bras et les jambes, de
manière que je ne pouvais faire de mou-
vemens ; alors il fut facile de s'emparer
de moi. Cet horrible voyage dura plus
de deux heures ; la marche était rapide,
rien ne parut s'opposer à notre passage.
La crainte de m'évanouir ajoutait à
l'horreur de ma situation ; enfin, on
s'arrêta : je ne voyais pas, mais il me
sembla que nous avions quitté le souterrain ; l'air me parut plus vif à me-
sure que nous avancions ; il ne s'était
pas dit une seule parole durant notre

marche. Le premier mot que j'entendis prononcer à l'homme qui me tenait me fit reconnaître dans mon ravisseur l'odieux Alfred Worm. — Monte le premier, dit-il, à son complice : il nous sera plus facile de la placer dans le cabriolet. Il fut obéi, et je me trouvai assise fort mal à mon aise ; car ils se mirent tous deux dans la voiture, qui était fort étroite. L'infâme Worm continuait à me tenir dans ses bras, et me pressait contre son sein. Je n'essaierai pas de vous peindre l'état de souffrance où j'étais. A l'horreur que j'éprouvais en me sachant au pouvoir d'un scélérat, qui ne m'avait jamais inspiré que de la haine, se joignait une gêne insupportable. En peu de temps, nous arrivâmes au lieu de notre destination : on me descendit, et je fus encore portée ; enfin, mes liens furent ôtés, et la vue me fut rendue. Je vis Worm à mes genoux, implorant mon indulgence et mon pardon : je ne lui répondis que par un regard de mépris. Après avoir essayé vainement par ses soumissions d'obtenir sa grâce, et ne voyant en moi que des marques de dédain et d'horreur, il changea de langage, et me menaça, avec d'épouvantables juremens, d'attenter à la vie de mon père, si je persistais à ne pas répondre à sa tendresse. — Monstre ! m'écriai-je, qui a pu te faire concevoir que je pusse devenir assez vile pour donner mon aveu à des sentimens qui émanent d'un être aussi méprisable ? Quant à la menace, elle est digne de toi ; mais j'ose croire que la Providence ne permettra pas qu'elle s'effectue. — Adolphina, écoutez-moi : je jure, par tout ce qui est sacré, d'assassiner M. Tilbury, si vous ne consentez à devenir mon épouse ; à ce serment, je joins celui de n'exiger

les droits d'un mari qu'à votre majorité ; jusque-là vous habiterez la maison paternelle , et rien dans ma conduite avec vous ne pourra faire soupçonner que vous serez à moi. —Jamais,
dis-je, avec force, jamais je ne consentirai à une union aussi déshonorante. —
Adolphina , je suis gentilhomme. —
Vous n'êtes pas digne de l'être. — Songez que vous êtes ici à mon entière dis-
position , que je puis ravir un bien que
j'acheterais aux dépens de ma vie. —
Je suis, comme est partout l'innocence,
sous la protection immédiate du Ciel.
— Adolphina , ne vous abusez pas ,
vous ne pouvez compter que sur ma
condescendance ; c'est d'elle seule dont
vous obtiendrez quelque indulgence.
Cette maison n'est habitée que par un
homme qui m'est tout dévoué : consentez à devenir mon épouse, et je vous
promets de vous fournir les moyens ,

sans compromettre ni vous ni moi, de retourner à Shelter-House. — Jamais ! — Eh bien ! fille obstinée, ne vous en prenez qu'à vous-même si je me décide à user des moyens qui répugnent à ma délicatesse, mais auxquels vous me forcez à avoir recours. Je vous laisse libre de faire de salutaires réflexions ; je ne vous reverrai que demain : vous pouvez demander tout ce qui vous sera utile et agréable à l'homme que je laisse pour vous servir ; rien de ce qu'il lui sera possible de vous procurer ne vous sera refusé. — Mon seul désir, dis-je, est de ne plus voir un objet odieux ; épargnez-moi votre présence, et j'aurai le courage de supporter mon malheur. Alfred attacha sur moi un regard terrible. — Ingrate ! tant d'outrages ne peuvent rester impunis ; il me quitta en proférant d'affreux juremens. Après avoir fermé la porte avec fracas, il

tourna la clef, et la retira de la serrure.
Pendant plusieurs heures, je restai sur
mon siége sans pouvoir me persuader
que je n'étais pas sous l'influence d'un
rêve épouvantable : la triste vérité se
fit sentir en entendant ouvrir la porte.
Un homme d'un abord rebutant appor-
tait une corbeille, dont il tira quelques mets. Il les plaça sur la table, puis
se retira sans m'adresser la parole. Je
jetai un cri douloureux en l'entendant
me renfermer ; je crois qu'il n'y avait
pas fait attention, car il s'éloigna ; je
passai la nuit sans me coucher ; cependant je m'étais bien assurée que je n'a-
vais aucune surprise à craindre. Au
point du jour, je montai sur une chaise
pour atteindre une croisée ; elle n'était
pas défendue par des barreaux ; mais
comme elle donnait sur une petite cour
entourée de hautes murailles, je re-
nonçai pour l'instant au projet de m'é-

III.

chapper. Malgré la figure rébarbative
de mon geôlier, je ne désespérai pas de
le gagner par des promesses. Il eût été
plus probable de réussir si j'avais eu sur
moi quelques bijoux de valeur, mais
je ne possédais qu'une montre fort simple, et deux guinées en monnaie : en
quittant Shelter-House, pouvais-je prévoir que je devais me préparer les
moyens de séduire un scélérat? Quand
mon gardien m'apporta à déjeuner, il
parut surpris de trouver mes provisions
intactes : ses méchans yeux se tournè-
rent sur moi en manière de question.—
Je ne consentirai, lui dis-je, à prendre
quelque nourriture que quand vous
m'aurez promis de me faciliter les
moyens de fuir cet abominable lieu.
Mon discours ne fit aucun effet sur cet
homme ; il continua à remettre les
plats de la veille dans un panier, et
mit à leur place sur la table une cafe-

tière à chocolat, une tasse, du pain et du beurre. — Fixez vous-même, lui dis-je de nouveau, le prix que vous demandez pour me procurer ma liberté, je vous jure que mon père vous le livrera sans hésiter. Même silence : il ressemblait à un automate organisé ; il me vint à l'idée qu'il était sourd ; je m'en assurai sur-le-champ, en jetant à terre une caraffe au moment où il avait la tête tournée : ne lui voyant faire aucun mouvement, je ne doutai plus de sa surdité, et j'en conçus un redoublement de chagrins. Quand il sortit de la chambre, il fit un mouvement de tête, qu'il accompagna d'une grossière invitation de m'approcher de la table. — On ne meurt pas pour être plusieurs jours sans manger, dit-il, mais on se prive de ses forces. Ces derniers mots furent plus puissans que ne l'eussent été les plus vives instances : sans doute

je ne devais pas me priver de mes forces; en me le répétant, je me servis
du chocolat, et je mangeai des tartines.

«Vers midi j'entendis du bruit, et peu
d'instans après, je vis entrer Alfred.
Ses prières et ses menaces ne firent sur
moi d'autre impression que de doubler
la dose d'horreur qu'il m'inspirait. Il
m'apprit l'effet terrible que ma disparition avait causé à Shelter-House, la douleur de mon père, de ma sœur; il appuya surtout sur la funeste révolution
qu'avait ressentie notre excellente gou-
vernante : mes larmes coulèrent, mais
ma résolution ne changea pas.—Jamais,
disais-je, la fille du révéré Tilbury n'ac-
cordera sa main à un scélérat. Je passai
avec ce monstre trois heures; elles furent employées à appeler sur sa tête
toutes les malédictions du Ciel. Après
s'être livré à un fort accès de colère, il
prit un ton de modération et d'ironie,

qui m'annonçaient que je ne devais rien attendre de favorable d'un homme qui pouvait à volonté maîtriser toutes ses impressions.

Huit jours s'écoulèrent dans de continuels tourmens. Worm passait trois heures de la journée dans ma chambre, et ne pouvait m'arracher un mot : je m'étais promis de m'épargner l'humiliation de lui répondre. Dans chacune de ses visites il me priait d'avoir pitié de mon père, et répétait, avec serment, qu'il lui ôterait la vie, si je persévérais dans mon refus. Cette menace me remplissait d'effroi, et quand le misérable ajoutait : — Pourrez-vous vivre avec l'horrible idée que vous serez l'assassin de votre père ? Ne vous y trompez pas, Adolphina, l'enfant qui peut préserver les jours de ceux à qui il doit les siens, et qui ne le fait pas, ne peut être considéré que comme un parri-

cide ; les remords vous poursuivront
sans cesse , et votre vie se passera dans
des tortures insupportables. Une sueur
froide découlait de mon front, et je
me demandais si effectivement j'étais
menacée d'un pareil supplice. Pouvez-
vous, ô M. Eversfield, vous faire une
idée des souffrances que j'ai eu à endurer ?

« Alfred fit plusieurs voyages, et rarement resta-t-il plus d'une semaine.
En son absence , je respirais plus libre-
ment. Mon geôlier était laid et gros-
sier, mais il ne paraissait pas inhumain.
Je crois que si j'eusse su alors que son
incommodité n'était que simulée , et
qu'en affectant la surdité, il ne faisait
que remplir les ordres de Worm , je
crois , dis-je , que je serais parvenue
à lui inspirer de l'intérêt ; mais per-
suadée que je ne pouvais m'en faire
entendre , je ne répétai pas mes offres.

« Il y avait plusieurs mois que j'étais prisonnière, quand Worm m'annonça qu'il venait passer un mois ou six semaines avec moi : je pâlis ; il s'en aperçut, et voulut avoir l'air de s'en formaliser.—N'appréhendez-vous pas, Adolphina, me dit-il, de lasser ma patience ?—Je ne crains que de ne pas mourir assez vite pour ne plus voir un monstre que j'abhorre.—A merveille, miss ; je vous suis obligé. En vérité, je dois m'enorgueillir de l'extrême bonne opinion que vous avez de moi. Sans doute vous me croyez bien supérieur à tous les hommes pour oser me traiter aussi mal. Ne pensez-vous pas qu'il serait possible que je me misse dans le cas de ne plus recevoir de fausses imputations en leur donnant une réalité ?

Ce serait vainement, monsieur, que je tenterais de vous faire prendre une juste idée des cruels tourmens dont je fus la proie durant un mois. Excepté la nuit, il me fallait souffrir que ce monstre restât continuellement près de moi. Ses odieux discours n'avaient pour but que de me convaincre de sa ferme résolution d'ôter la vie à mon père, si je ne me donnais volontairement à lui, et de la facilité qu'il aurait à exécuter ce crime sans pouvoir être soupçonné. Le scélérat avait l'épouvantable projet, du moins il cherchait à me le faire croire, de faire paraître ma tante seule coupable de cet horrible assassinat; un seul complice lui suffirait, et ce complice serait le même homme qui lui avait aidé à m'enlever dans Wokey-Hole. —Vous savez, me dit encore le misérable Alfred, que je puis entrer quand je veux dans l'appartement de miss Tilbury; j'aurai soin d'y cacher un poignard taché de sang, et aussitôt le massacre de votre père, je trouverai moi-même

ce poignard en présence de témoins ,
afin que nul autre ne puisse être in-
quiété. En entendant ce complot affreux dirigé avec un incroyable sang-
froid, je me sentis défaillir. Il vit mon
état, et sans paraître en avoir pitié, il
osa ajouter que je serais seule respon-
sable du sang que je le forcerais à répandre , puisqu'il dépendait uniquement de moi de l'empêcher. — A quel
prix, grand Dieu ! m'écriai-je, en me
tordant les bras. — Croyez , chère
Adolphina , que le sort de toute votre
famille est entre vos mains. Vous me
haïssez, parce que vous ne connaissez
pas le fond de mon cœur ; je vous aime
avec idolâtrie. Si vous me permettez
de vous consacrer ma vie , elle sera entièrement dévouée à vous rendre heureuse. Je serai ce que vous voudrez que
je sois. Mon étude journalière sera de
vous plaire , et aucun sacrifice ne me

III.   8

sera pénible pour y réussir. Au nom
de la tendresse que vous portez à votre
père, Adolphina, ne prononcez pas
son arrêt de mort. — Quel prix pour-
riez-vous mettre à un consentement arraché par d'effroyables menaces? et
comment pourrais-je accepter pour
époux un homme qui s'avoue capable
de commettre les plus affreux crimes?
— L'amour ne connaît aucun obstacle.
Pour les franchir, il peut devenir criminel; mais dès qu'il obtient l'objet de
ses vœux, il rentre dans son véritable
caractère, et reprend sans effort toutes
les vertus dont il n'a dévié qu'un instant. — Quels principes révoltans que
ceux qui peuvent ainsi changer suivant
les circonstances! C'est dans des dis-
cussions aussi atroces que se passaient
mes journées : les nuits qui suivaient
n'étaient pas plus heureuses; je tâchai
de me persuader que le seul projet de

Worm était de m'effrayer ; mais quand je pensai que tous ses arrangemens étaient pris, et que d'après son exposé l'exécution serait facile, je tombai dans une espèce d'agonie.

« Alfred parut se lasser de ne pouvoir rien gagner sur mon esprit, et me signifia qu'il ne m'accordait plus que trois jours pour me décider. Je lui demandai de me les laisser passer seule : il y consentit ; ils furent les plus affreux de ma vie, puisqu'ils m'amenèrent, par de funestes réflexions, à consentir à mon éternel malheur : s'il n'eût été question que du sacrifice de ma vie, le monstre n'eût obtenu qu'un refus ; mais les jours de mon père étaient menacés ; je fermai les yeux en me précipitant dans l'abîme.

« J'ai oublié de vous dire qu'à force de prières, j'avais obtenu d'écrire à mon père pour le tranquilliser, du moins sur mon existence : Worm me promit de faire parvenir ma lettre, et j'ai appris depuis qu'il avait tenu parole.

« Le jour fatal étant arrivé, Alfred vint me demander ma réponse. — Je consens à devenir votre épouse sous les conditions que vous m'avez proposées, conditions qui seront constatées par un écrit signé de vous. Worm me témoigna sa joie d'une manière extravagante, et me fit le serment, que je ne lui demandais pas, de conserver toute sa vie la plus entière reconnaissance de ma bonté. Pour éviter les lenteurs, il avait fait venir un ministre qui attendait ma décision ; ce prêtre, qui croyait marier deux personnes de bon accord, s'était fait accompagner, à la prière d'Alfred, par un de ses amis, qui devait, avec mon geôlier, servir de témoins. J'exigeai que l'écrit convenu fût en ma possession avant de passer outre. Worm le fit tel que je le désirais; il me le remit; puis, me présentant la main, nous allâmes trouver le ministre. La cérémonie fut bientôt faite; l'acte fut signé par le prêtre et les deux témoins : on en fit un double. Alfred m'en donna un, et garda l'autre : comme il ne pouvait s'absenter plus long-temps de Shel-ter-House, il partit le lendemain, laissant au concierge l'ordre de me mener, huit jours après, à un lieu qu'il lui désigna, peu éloigné de la demeure de mon père, où ma rentrée eut lieu de la manière que vous l'avez apprise.

«Vous pourrez facilement concevoir, M. Eversfield, combien était triste le sort d'une très-jeune personne accoutumée à n'avoir aucun secret pour ses parens, et qui se trouvait forcée de s'entourer de mystère. La confiance est si douce avec ceux qu'on aime! Hélas! je devais me veiller sans cesse pour ne pas découvrir ce qu'on ne saurait que trop tôt. Toute ma vie n'était qu'une continuité de supplices ; ma haine pour celui que la rigueur du destin m'avait donné pour époux, loin de diminuer semblait s'accroître chaque jour davantage. Il m'était impossible de le lui dissimuler ; il s'en apercevait, et je surprenais ses yeux menaçans lancer sur moi des regards qui me remplissaient de crainte. Je mourais de chagrin, et quoique le temps n'observât que sa marche ordinaire, je croyais qu'il s'écoulait avec rapidité ; il devait m'amener un jour si terrible ! Combien de fois j'adressai de ferventes prières au Ciel, pour m'anéantir avant la funeste époque de ma majorité !

« Une circonstance, que mon inexpérience ne m'avait pas fait prévoir, vint ajouter de nouvelles peines à celles dont j'étais déjà accablée. Le fils d'un de nos voisins m'inspira un sentiment dont je m'étais flattée d'être éternellement exempte. Je ne vous détaillerai ni ses qualités ni ses vertus ; vous ne le connaissez pas, mais vous en avez souvent entendu parler avec éloge. Je m'aperçus que j'étais pour lui un objet de préférence : cette découverte m'affligea d'autant plus qu'elle m'obligea à me surveiller sans cesse, afin qu'il ne pût lire dans mon cœur. J'appréhendais, en outre, que Worm ne devinât ce que je cachais avec le plus grand soin. Malgré l'attention que je mettais à affecter une extrême indifférence, j'eus plusieurs fois l'occasion de m'assurer que mon époux avait conçu des soupçons. Pour les faire tomber, je redoublai de froideur envers tous les étrangers ; si cette conduite porta une sorte de tranquillité dans l'esprit d'Alfred, elle me rendit encore plus malheureuse ; cependant la tendresse de mon père et l'attachement de ma sœur donnaient quelque peu de relâche à mes souffrances. Hélas ! le sort m'en réservait de nouvelles non moins cruelles : la mort de mon père fut pour moi le comble du malheur.

CHAPITRE IV.

« Par un dévouement sans exemple, ma sœur consentit à donner sa main à un homme qu'elle haïssait, parce que cet homme, qui est le père de celui que j'aimais malgré moi, avait exigé, avant de permettre à son fils de me demander en mariage, que Théodosia se donnerait à lui. Ma sœur se sacrifia pour lever l'obstacle qui s'opposait à ce qu'elle croyait devoir assurer mon bonheur. L'aimable fille s'était aperçue de mes efforts pour paraître insensible aux attentions de... Francis Lovering. Pourquoi ne vous le nommerais-je pas ? Ma conduite, en cette occasion, me fut dictée par la plus rigide vertu : je n'ai point à en rougir. Dès que je sus que j'étais la cause d'un événement qui devait répandre l'amertume et la douleur sur l'existence de ma chère Théodosia, je trouvai mon sort mille fois plus affreux. Quand je lui fis à ce sujet de tendres reproches, elle nia absolument que son consentement à son union avec sir Joseph Lovering eût pour objet d'aplanir les difficultés qui s'opposaient à mon hymen avec Francis. Le monstrueux mariage contracté entre le vice et la vertu eut lieu, et je fus privée de toutes consolations. L'horrible perte que j'avais faite de mon respectable père m'avait mise sous la dépendance de ma tante. J'y fus bien davantage quand Théodosia quitta Shelter-House pour aller habiter Romantic-Lodge.

« Cependant le baronnet avait tenu sa parole, et Francis me fut proposé pour époux. En refusant affirmativement, je me trouvai mal. Le regard scrutateur d'Alfred me causa une telle révolution, que je crus toucher à mon dernier moment. Ah! pourquoi la mort ne m'a-t-elle pas délivrée de tous mes maux?

«Une épreuve plus forte avait précédé ce cruel refus : Francis, presque mourant, m'avait fait l'aveu de son amour. Je devais, je voulais lui cacher mes sentimens, mais je crains d'avoir mal réussi. Une scène touchante en fut la suite: L'intéressant jeune homme était à mes genoux pour obtenir que je me rétractasse d'une résolution qui lui donnait la mort : Worm parut. En ce fatal moment, troublée comme si j'eusse été coupable, je me hâtai de me retirer.

«Le départ de Francis Lovering apporta du calme dans l'esprit de mon époux. L'approche de ma majorité occasionait sur nous deux un effet entièrement opposé. Hélas! je n'y pensais qu'en frémissant. Nous touchions à cette terrible époque, quand, à la suite d'une scène assez vive que j'avais eue avec ma tante Esther, je fus anéantie en voyant entrer M. Worm dans ma chambre où je m'étais retirée : c'était la première fois qu'il osait prendre cette liberté. Il me fut impossible de retenir un cri d'effroi quand il parut. M'apercevant qu'il voulait s'approcher de moi, je lui ordonnai impérativement de se retirer. — L'instant où doit commencer mon supplice, lui dis-je, n'est pas encore arrivé. Il me supplia de l'écouter ; et s'étant placé fort loin de moi, il prit la parole, et d'un ton fort doux, il m'annonça qu'il était décidé à user de tous ses droits le jour même où je cesserais d'être mineure. Je devais m'attendre à cette détermination ; cependant je me sentis défaillir en entendant cette effroyable confirmation de mon malheur. Ma pâleur fit craindre à Alfred que je ne m'évanouisse; il s'élança pour me secourir. L'appréhension de lui devoir ce service me rendit mes forces. — Retirez-vous, M. Worm; je n'ai besoin de personne, et vous prie de ne plus troubler le temps bien court qui me reste pour user de ma liberté : il sortit sans répliquer.

« Pendant quelque temps on m'accorda une apparence de tranquillité ; ce n'était que le précurseur d'un violent orage.

« J'étais descendue un matin * . . . .

. . . . »

— Malheureuse et intéressante créature, dit Henri, cessez de vous livrer à la douleur. Le pénible temps des

* Adolphina entre ici dans des détails parfaitement connus du lecteur.

épreuves est passé ; fiez-vous à ma promesse. Des jours de prospérité luiront
bientôt pour vous : votre mariage est
nul par le fait et par les formes. —Une
procédure serait un déshonneur pour
ma famille ; il vaut mieux que je me
résigne à toute la rigueur de mon sort.
— Le misérable Alfred sera le premier
à prévenir une publicité qui entraînerait pour lui une peine infamante ; je
vous l'ai dit, Worm est marié avec
votre tante, ce n'est un secret pour personne : tous les domestiques en ont été
témoins. — Sans doute je bénirai l'instant qui brisera une union aussi odieuse,
mais je n'en suis pas moins condamnée
à un malheur éternel. Une retraite obs-
cure sera mon unique refuge. Mon innocence ne me sauvera pas de la honte
d'avoir été l'épouse d'un être que la
justice a le droit de poursuivre. —
Chère Adolphina, vous vous exagérez

des maux dont vous n'êtes pas menacée. D'après l'ordre qu'il m'a entendu
donner de le conduire chez le juge de
paix, vous avez vu Worm fuir; croyez
qu'il n'osera plus reparaître, et il ne
sera pas difficile de donner à vos enlè-
vemens une tout autre cause que la
véritable. —Plus de mystère pour ceux
que j'aime. — Eh bien! votre secret ne
sortira pas de la famille, qui, autant
que vous, sera intéressée à ne pas le
divulguer. —Ma tante ne me pardon-
nera pas de l'avoir privée de l'homme
qu'elle chérit depuis long-temps.—Je
me charge d'adoucir son caractère : ne
la craignez pas; elle sera trop malheureuse elle-même pour penser à tourmenter les autres.—J'ignore quels peuvent être les moyens dont vous ferez
usage pour me la rendre favorable,
mais je vous prie, M. Eversfield, n'ou-
bliez jamais que miss Tilbury est la

sœur de mon père. — Je suis aussi intéressé que vous-même à m'en souvenir.
— Aussi intéressé que moi ! répéta
Adolphina, en regardant l'Américain
avec étonnement. — Oui, chère et aimable fille, autant que vous ; je dois
préserver une famille honorable de tout
ce qui pourrait affaiblir la considéra-
tion méritée dont elle jouit. Un jour
viendra où je m'expliquerai plus clai-
rement ; pour l'instant, nous ne devons
nous occuper que des moyens de vous
placer dans une famille respectable,
où vous attendrez le résultat des démarches que je vais faire. L'hôtesse fut
consultée : c'était une excellente femme ; elle proposa de conduire M. Eversfield et la jeune dame chez sa sœur,
qui vivait doucement de son petit re-
venu. Henri prit des informations, et
tout le monde lui fit l'éloge des mœurs
et du caractère de la veuve Reeden.

Les arrangemens furent bientôt faits :
l'Américain lui donna le double de ce
qu'elle avait demandé. Après avoir pris
congé d'Adolphina, M. Eversfield se
mit en route : son projet était d'aller
directement à Shelter-House ; il était
nuit avant qu'il eût pu atteindre la demeure de miss Tilbury. Un seul domestique l'accompagnait, et il était dans la
chaise avec son maître. L'Américain
sommeillait ; son valet l'éveille.—Monsieur, depuis près d'un quart d'heure,
deux hommes qui me paraissent sus-
pects causent avec le postillon ; je pense
que nous devrions nous tenir sur nos
gardes. Je leur crois de mauvais des-
seins, et d'après leur connivence avec
le postillon, nous aurons trois ennemis
à combattre. M. Eversfield en voyage
avait toujours deux pistolets sur lui et
deux dans la voiture ; il arma son domestique, et ainsi disposés, ils atten-

III.   9

dirent l'attaque. L'incertitude cessa bientôt; les chevaux s'arrêtent, un homme se présente à chaque portière, et, sans parler, tirent l'un et l'autre à bout portant. L'Américain se dérange; la balle ne l'atteint pas, et va frapper le fond de la chaise. William détourne et baisse avec sa main celle du brigand: néanmoins le coup part, et se dirige sur le scélérat qui se débattait avec M. Eversfield, pour lui arracher son second pistolet: le premier avait fait long feu. — Misérable! s'écrie l'homme blessé en chancelant, c'est moi que tu assassines. William venait d'ajuster son adversaire, qui répond en jurant: — Puissent toutes les malédictions être le prix de ton infâme séduction! Je meurs victime de ma faiblesse. En effet, le malheureux tomba à son tour. Le postillon, craignant qu'on ne l'accusât avec raison de complicité, mit ses che-

vaux au galop, et fit passer ses roues
sur les brigands qui poussèrent des cris
affreux. — Ces coquins, dit l'Américain, ne sont pas des voleurs. — Je
pense, monsieur, qu'ils avaient le des-
sein de nous tuer. — Le Ciel nous a
protégés ; le danger que nous avons
couru me fait encore frémir. — Ce n'est
plus rien quand on y a échappé. En
arrivant à Shelter-House, ils se pré-
sentèrent à la grille ; le portier ne voulut pas ouvrir sans savoir leur nom. —
Dites à miss Tilbury qu'on lui apporte
des nouvelles de Worm. Josepha vint,
de la part de sa maîtresse, pour s'informer de ce qu'on lui voulait. Dès qu'elle
aperçut Henri, elle lui fit signe d'entrer, et de suite elle l'introduisit près
d'Esther. — Encore un subterfuge pour
forcer ma porte ! s'écria mistress Worm.
— Oh! non ; je vous jure, sur l'hon-

neur, que j'ai vu votre mari. — Où est-il ? l'amenez-vous ? — Cela m'eût été difficile ; car au moment où je le faisais conduire chez un juge de paix, il s'est sauvé, et on n'a pu l'arrêter. — Que dites-vous ? conduire mon époux chez un juge de paix ! pour quel motif, grand Dieu ? — Peu de chose : seulement il est atteint et convaincu de *bigamie* ; ce mot fut prononcé à l'oreille d'Esther. — Vous êtes un imposteur, un fourbe ! Un grand bruit se fait entendre : Josepha accourt. — Madame, on apporte M. Alfred et un autre homme ; ils sont tous les deux dans le plus pitoyable état : le premier est sans connaissance, et l'autre ne fait que jurer. Le postillon de M. Eversfield, qui les a vus, assure que ce sont des scélérats qui les ont attaqués sur la route. Mistress Worm se hâta d'aller trouver son mari, qu'elle trouva étendu sur un matelas dans une salle basse. On avait placé à côté de lui son complice ; ce dernier avait les deux cuisses brisées : les douleurs qu'il endurait lui arrachaient des cris affreux, qu'il entremêlait de juremens et d'injures dirigés contre son voisin ; celui-ci ne donnait aucun signe de vie. Esther se jeta sur lui en poussant des gémissemens : le poids de son corps rendit le sentiment à Worm ; il ouvrit les yeux : en apercevant Esther, il détourna la vue. — Retirez - vous, dit-il, votre présence m'est odieuse. Esther, le croyant dans le délire, continua à lui prodiguer des caresses. — Au nom de la pitié, dit encore Alfred, qu'on éloigne cette femme : ce sont ses affreux conseils qui ont fait de moi un.... — Un scélérat, dit en blasphémant le moribond gisant près de lui. Josepha et le portier engagèrent leur maîtresse à se retirer. Les terribles apostrophes d'Alfred avaient occasioné sur la figure d'Esther un changement effrayant : ses traits étaient renversés ; à peine lui fut-il possible de gagner la porte ; on la trouva étendue dans la hall : Josepha aida à la porter sur son lit.

M. Eversfield avait envoyé chercher un médecin à Wells. L'exprès jasa ; la justice fut informée de l'événement, et envoya à Shelter-House des agens pour prendre connaissance du délit. Les suppôts arrivèrent en même temps que le docteur. M. Eversfield fut fâché que l'affaire devînt publique, mais il n'y vit aucun remède, et se résigna : on reçut les dépositions de l'Américain, de son domestique et du postillon. Le médecin ayant assuré qu'un des brigands ne

vivrait pas dans vingt-quatre heures,
on lui fit subir un interrogatoire; quant
à Worm, bien qu'il fût impossible de
le sauver, on ne le questionna que pour
le confronter avec son complice, qui
le chargea fortement et uniquement.

CHAPITRE V.

JENNY ayant promis à milord John Cramburn de lui donner des détails qui lui feraient connaître la méchanceté de son maître, commença son récit ainsi :

« J'entrai au service de milady lors de son mariage. Il me fallut peu de temps pour juger qu'elle était malheureuse. Tous mes camarades ne concevaient pas plus que moi ce qui avait pu décider une jeune, belle et aimable personne, à unir son sort à celui d'un homme qui avait le double de son âge, et qui ne pouvait racheter cette grande disproportion par aucune qualité. Sir Joseph aimait sa femme avec une espèce de fureur ; mais, étranger à tout sentiment de délicatesse et de justice, il la regardait comme une esclave qui ne devait et ne pouvait avoir d'autre volonté que la sienne. Impérieux, avare, jaloux, il n'a jamais témoigné à sa femme le moindre égard, s'est fait un plaisir de la priver de tout ce qui lui était agréable, et se permettait d'odieux soupçons sur tous les êtres de son sexe, sans distinction d'état ni de rang. Je m'aperçus facilement, milord, qu'il avait conçu pour vous une haine fondée sur la manière polie avec laquelle ma maîtresse vous accueillait. Le méchant homme n'osa-t-il pas penser que l'attachement de M. Tilbury pour sa sœur allait au delà de celui qui unit de proches parens ? Cependant il n'eut pas la hardiesse de manifester sa révoltante idée ; mais il parvint à éloigner en même temps les deux hommes qui lui portaient ombrage. M. Eversfield ne put échapper à ses infâmes soupçons, mais il sut dissimuler ; tant il est vrai que l'avarice l'emporte sur les autres vices. Le baronnet s'était flatté de s'approprier tôt ou tard la fortune de l'Américain, qu'il pensa être immensément riche ; mais quand il se fut assuré que M. Eversfield n'était pas un homme faible qu'on pût mener à volonté, il s'en détacha ; et trouva le moyen de l'éloigner de Romantic-Lodge.

« L'enfer, qui seul avait créé sir Joseph, ne croyant pas sans doute qu'il fût encore assez pervers pour commettre, sans aide, les plus grands crimes, lui adjoignit un second, s'il se peut encore plus scélérat que lui : vous concevez que je veux parler de Heart-Iron. L'assassinat commis sur vous, et dont M. George tira une prompte vengeance, fut le sujet de toutes les conversations ; personne ne crut ce que le baronnet

et son valet débitaient; les dépositions
des paysans ne désabusaient pas. Les
deux seuls qui voulurent affirmer, par
serment, qu'ils avaient été témoins,
jouissaient de la plus mauvaise réputation. Cependant la justice allait son
train, et nous tremblions de l'issue du
procès. L'arrivée de M. Francis Lovering opéra un changement total. Sir
Joseph nous ordonna de nous préparer
à faire un voyage; et, la même nuit,
nous quittâmes Romantic-Lodge. Le
baronnet ne se fit accompagner que par
Heart-Iron et moi; encore milady eut
beaucoup de peine à obtenir que je par-
tisse avec elle. Sans la nécessité de tenir la petite Idamira, je suis sûre que
je serais restée. Nous nous arrêtâmes
quatre fois sur la route avant d'arriver,
et on nous faisait rester plusieurs jours
à chaque station. Les lieux où nous
descendîmes étaient sûrement choisis

d'avance, car il fallait les connaître pour les trouver ; c'étaient des habitations isolées, et occupées par des gens d'épouvantables apparences. Milady se rebutant de tant de fatigues qui exténuaient sa fille, signifia un jour à son mari qu'elle n'irait pas plus loin. Je ne vous rendrai pas un compte exact de tous les mauvais traitemens que le maître et le valet firent, à l'envi, éprouver à mon adorable maîtresse : votre cœur en saignerait. Le monstre osa porter sa main sacrilége sur l'ange le plus pur. Excité par son exécrable complice, il frappa milady d'un coup de poignard, et fut lui-même si effrayé de son crime, que, sa fureur se tournant sur Heart-Iron, il lui cassa la tête d'un coup de pistolet. Les gens chez qui nous étions logés aidèrent à l'enterrer, et nous partîmes trois heures après, malgré les souffrances de ma maîtresse. Nous allâmes directement à Melcomb, où le baronnet nous fit descendre dans une mauvaise auberge. Il s'absenta deux heures, qu'il avait sans doute employées à faire des informations, car, le lendemain, il nous fit quitter Melcomb-Regis, qui, comme vous savez, n'est séparé de Weymouth que par un pont de bois. Sir Joseph se serait bien gardé de nous laisser dans un lieu fréquenté par beaucoup de malades *. L'aspect horrible de ce lieu fit changer de couleur ma chère maîtresse; mais elle ne manifesta l'effroi qu'il lui inspirait par aucune apparence de mécontentement. Depuis que nous habitons ce vilain château, j'ai vu avec douleur la santé de milady s'altérer. Cependant sa blessure était légère, et fut bientôt guérie : la maladie de sa fille a encore accru son malaise, et je crains

* Les bains de Weymouth sont très-salutaires.

bien que la mort de cette enfant ne lui occasione une fatale révolution. — Dieu ne le permettra pas, dit milord Cramburn. La conversation fut tout à coup interrompue par la voix de Clara qui appelait Jenny. Celle-ci se hâta de rentrer au château, et lord John continua sa promenade. Une heure s'était à peine écoulée, que Losely vint joindre son maître. — Il se passe, lui dit-il, quelque chose d'extraordinaire dans la partie du château occupée par la famille de sir Joseph. J'étais chez le concierge, quand la sonnette de milady s'est fait entendre; Mathilda est vite montée; un moment après, elle est revenue chercher son père, et a chargé miss Clara d'appeler Jenny, dont sa maîtresse avait un pressant besoin. — Dieu tout puissant! s'écria lord John; Théodosia est peut-être plus mal. Savez-vous où est George? — Je viens de le rencontrer;

il rentrait comme je sortais. George
vint au-devant de son ami. — Qu'est-il
arrivé? demanda celui-ci. — Je ne sais;
mistress Blackbird est allée s'en informer. Clara m'a chargé de vous prier
d'envoyer, dans l'appartement du baronnet, Losely qui n'est pas connu de
sir Joseph, pour être utile s'il en est besoin. Losely ne se le fit pas répéter, et
courut offrir ses services. Il redescendit
presque aussitôt; le docteur n'avait pas
voulu le laisser entrer. — Il paraît, dit
Losely, que c'est dans la chambre du
baronnet que tout le monde s'est réuni.
On était dans l'attente; la curiosité et
même l'inquiétude doublaient l'impatience. Le concierge entre; il paraissait ému : —Le baronnet se meurt; il dit
qu'il a été empoisonné, et il en accuse
M. Knock. Celui-ci, avec le plus grand
sang-froid, lève les épaules, et admi-
nistre des remèdes qui ne font aucun

effet. Tout est en confusion. Milady, faible encore, n'a pu supporter ce nouveau malheur ; elle s'est évanouie : on l'a placée sur un canapé, dans la chambre de son mari, qui, en la voyant dans cet état, a recommencé à injurier le médecin. Ses juremens sont souvent interrompus par des douleurs, à ce qu'il paraît très-vives. Les trois femmes sont occupées à donner des secours à l'infortunée dame. S'il est vrai que cet étranger ait été empoisonné, la justice s'en mêlera ; on saura que j'ai logé du monde au château : cela ne m'est pas permis, et je serai honteusement chassé. — Il n'est pas probable que le baronnet ait été empoisonné, dit George ; quel serait le but d'un crime aussi atroce ? — Je l'ignore ; je ne le crois même pas, mais je le crains. Mathilda vint annoncer que sir Joseph persistait dans son assertion, et qu'il exigeait

qu'on arrêtât M. Knock. — Je ne le
souffrirai pas, s'écria Blackbird, nous
serions tous compromis : plutôt que la
mort se hâte d'enlever ce méchant
homme. — Mais mon père, dit Clara,
si le médecin est coupable ? — Que
m'importe à moi, pourvu que cette affreuse aventure ne transpire pas ? — Si
tels sont vos sentimens, dit milord,
vous êtes un misérable. — George le
pensait ; mais Blackbird était le père
de Clara. — Vous ne croyez pas sans
doute, milord, que j'aie trempé dans
cette infamie ? — Non. — En ce cas,
pourquoi ne voulez-vous pas que je
forme le vœu qu'elle reste ensevelie
dans le secret ? — Le coupable doit
être puni. — Les innocens lui seront
assimilés ; vous-même, milord, ainsi
que votre ami et votre domestique,
devrez être soumis à l'examen de la
justice : trouverez-vous que cela soit

agréable ? — Non ; mais je m'y résignerai si les lois le requièrent. Lovely sort en ce moment, et rencontre dans la cour Knock, dont le regard égaré et le visage pâle donnent de la consistance à l'accusation du baronnet. Lovely lui parle ; il répond comme un homme qui a perdu la tête. — On vous soupçonne d'un grand crime, M. le docteur. — Qui me soupçonne ? un scélérat : on ne le croira pas ; d'ailleurs il ne l'oserait : il craindrait d'exciter ma vengeance ; au reste, je m'en vais : cet homme me fait horreur. — Sûrement vous attendrez qu'il soit guéri ?—C'est la chose impossible. — Ainsi vous convenez qu'il a pris du poison ? — S'il en a pris, cela ne me regarde pas. — Pardonnez-moi, vous ne l'avez pas quitté depuis la mort de sa fille. — Et s'il s'est empoisonné lui-même? — C'est ce qu'il faut vérifier en votre présence. Alors, élevant la voix , Lovely appela le concierge, qui vint sur-le-champ. — M. Blackbird , M. Knock veut s'en aller ; il ne nie pas que le baronnet ne soit empoisonné : sans doute vous ne trouverez pas convenable que des soupçons aussi affreux puissent tomber sur votre famille et vos locataires. Le concierge saisit le docteur au collet, et le fit entrer dans le parloir. Son égarement devint au comble ; ses discours n'avaient aucune suite ; cependant on ne pouvait se défendre de l'envisager avec horreur. — Que gagnerez-vous à me dénoncer ? la publicité d'un et peut-être de plusieurs crimes ; je vous l'ai déjà dit, sir Joseph est un scélérat : laissez-le mourir comme il a vécu. Voyant que Blackbird hésitait, lord John et George affirmèrent que Knock ne quitterait pas le château avant qu'il ne fût prouvé que le baronnet était hors de danger. Le docteur voulut s'échapper ; mais Losely, aidé de son maître, de milord, et même du concierge, l'entraîna dans une espèce de garde-manger, dont la fenêtre était grillée : la porte fut fermée, et milord Cramburn en prit la clef.

De nouveaux cris de milady engagèrent Losely et Blackbird à monter. George et son ami restèrent au bas de l'escalier : Mathilda suivit son père. Sir Joseph, en voyant entrer le concierge, lui ordonna de faire arrêter le médecin. — Le misérable m'a administré ce matin une dose de poison ; tout ce qu'on m'a fait prendre en retardera l'effet, mais ne l'empêchera pas. Je connais la propriété de ce fatal breuvage, aucun remède ne peut me sauver, ma mort est certaine ; mais j'aurai la consolation de mourir avec la certitude que le scélérat Knock perdra la vie sur l'écha-

faud. Blackbird voulut le ramener à
des sentimens plus humains. — Choi-
sissez, lui dit sir Joseph ; si le docteur
échappe, je vous dénoncerai comme
l'auteur du crime. Le concierge, effrayé de la menace, se hâta de dire que
Knock était enfermé au château. —
Fort bien ; envoyez sur-le-champ chercher les gens de justice, que je fasse ma
déposition. Milady, vous étiez présente
quand l'abominable coquin me présenta
un verre de watter gruel, eh bien ! ce
fut cette boisson qui porta la mort dans
mes veines : vous rendrez compte de
ce que vous avez vu.

Le crime de Knock paraissait trop
évident pour qu'on se refusât à remplir
les désirs du baronnet. Le juge de paix
prévenu envoya au château pour se saisir du coupable : ce fut en vain ; on ne
l'y trouva pas. Un barreau de la fenêtre,
arraché, indiqua le chemin qu'il avait

pris pour échapper à la justice. Milord et son ami soupçonnèrent que le concierge avait facilité sa fuite. On fit d'inutiles perquisitions : aucune trace ne put mettre sur la voie. Sa femme et ses enfans n'en avoient point eu de nouvelles depuis qu'il s'était rendu au château. Sir Joseph se livra à une fureur immodérée en apprenant la disparition du médecin : il n'en persista pas moins à faire sa déposition. Knock avait été voleur, faussaire et assassin. — Je puis fournir, ajouta-t-il, des preuves de tout ce que j'avance ; ma première femme a été empoisonnée par lui; sir Richard Wylde, frère de ma mère, a aussi reçu la mort du misérable Knock, et le scélérat vient de mettre un terme à ma vie par un nouveau crime.

Jenny ayant rendu compte à sa maîtresse des terribles accusations dont le baronnet chargeait le docteur, cette

dernière ne put se défendre d'un mouvement d'horreur en pensant que son
mari s'était enfermé plusieurs fois avec
un homme qu'il savait être un criminel : que pouvait avoir de commun un
scélerat avec sir Joseph, à moins qu'ils
n'eussent été complices ? Ces épouvantables réflexions remplirent d'effroi
l'infortunée Théodosia : comment fini-
rait cet affreux concours d'événemens
extraordinaires et monstrueux ? voilà ce
qu'elle se demandait. Sans cependant
pressentir les fatales découvertes dont
elle étoit ménacée, elle éprouvait de
fortes inquiétudes. La fidèle Jenny, per-
suadée que la présence de George donnerait plus de tranquillité à milady, lui
avoua que M. Tilbury habitait le château depuis quelque temps ; elle ne
parla pas de lord John, laissant à son
ami la liberté de faire, à ce sujet, ce qui

lui serait le plus convenable. Théodosia fut enchantée de savoir son frère à portée de la protéger si effectivement sir Joseph succombait. L'entrevue de George et de milady fut extrêmement touchante : que de choses n'avaient-ils pas à se dire! M. Tilbury promit à sa sœur de ne la quitter que quand elle serait de retour à Romantic-Lodge. George crut devoir imiter le silence de Jenny sur le séjour de milord Cramburn à Portland, voulant s'assurer auparavant de la manière dont milady accueillerait son ami.

Deux jours après la fuite de Knock, un homme apporta un paquet adressé à milady Lovering, et n'attendit pas la réponse. George se chargea de le remettre à sa sœur, qui le pria de le décacheter. Il contenait plusieurs feuilles de papier écrites. Dès les premières lignes,

M. Tilbury éprouva un frémissement désagréable : Théodosia voulut qu'il en fît la lecture haut.

L'introduction avait pour but de préparer milady à de fâcheuses découvertes. Cette espèce de mémoire, envoyé par Knock, renfermait des détails révoltans sur les attrocités dont sir Joseph s'était rendu coupable dans tout le cours de sa vie. Je n'en donnerai que la substance. Il est aussi fâcheux pour l'écrivain de tracer des faits criminels, qu'il l'est pour le lecteur de les lire. Le baronnet était né avec des vices : on les lui laissa : en avançant en âge, il sentit qu'il fallait, pour s'assurer de l'impunité, se couvrir du manteau de l'hypocrisie ; sous cet abri, il osa commettre les actions les plus épouvantables. Heart-Iron et Knock furent ses complices. Par leurs moyens il se débarrassa d'une épouse qu'il avait prise en haine, et d'un parent qui vivait

III.   11

trop long-temps : comme il en devait hériter, il souhaita que ses jours fussent abrégés. Knock le fit bientôt descendre chez les morts. Le testament du défunt nommait sir Joseph son légataire universel ; il prit possession de tous ses biens, et vint s'établir à Romantic-Lodge. A compter de ce moment, sir Joseph fit un sort à Knock, sous la condition qu'il quitterait l'Angleterre. Celui-ci se fixa à Portland : il avait quelques connaissances en médecine ; il se fit médecin. La rencontre qu'il fit du baronnet lui donna des inquiétudes. Ayant appris la mort de Heart-Iron, il n'avait plus à craindre que sir Joseph, le seul qui le connût pour un scélérat. L'occasion de s'en débarrasser lui parut si favorable, qu'il la saisit. Le poison dont il fit usage était trop connu du baronnet pour qu'il pût prendre le change sur le genre de douleurs qu'il

éprouvait. On a vu avec quelle imprudence sir Joseph s'était conduit : le désir de se venger de Knock lui avait
fermé les yeux sur le danger de faire
retomber sur sa tête coupable la punition qu'il voulait qu'on fît subir à son
complice. Knock terminait son espèce
de confession en disant qu'il aurait
cessé d'exister quand son écrit parvien-
drait à milady, à qui il recommandait
son innocente famille. — Grand Dieu !
s'écria Théodosia, à quel scélérat le
sort m'avait uni ! George partagea son
indignation. — Et pour l'épouser, lui
dit son frère, vous avez refusé l'homme
le plus aimable, et qui vous adore.
Théodosia rougit. — Quand vous connaîtrez mes motifs, George, je suis
sûre que vous m'approuverez.

Un écrit, semblable à celui que milady avait reçu, fut remis au juge de
paix. Le porteur était un pauvre jour-

nalier; il dit avoir reçu la commission d'un homme qui paraissait fort agité. Après lui avoir expliqué ce qu'il avait à faire, et lui avoir donné un schelling pour sa peine, il s'était éloigné, et le paysan, l'ayant suivi des yeux, l'avait vu se précipiter dans la mer. Alors il s'était hâté d'accourir pour essayer de le sauver, mais il n'en avait aperçu aucun vestige. Le juge de paix, après avoir pris lecture du paquet, se transporta au château : il trouva le baronnet assez calme. Il le prévint qu'il allait lui faire subir un interrogatoire, attendu que Knock le dénonçait comme un criminel. À ces mots, sir Joseph voulut s'elancer sur le magistrat : on le saisit, et, après l'avoir remis dans son lit, on se disposa à l'interroger. Dès ce moment le baronnet ne fit plus que divaguer ; il parla avec sang-froid, mais d'une manière incohérente, des actions basses et cruelles auxquelles il avoit participé ; la profonde scélératesse de son âme se développa par des aveux souvent interrompus : il paraissait être dans le délire. Cependant comme ses discours coïncidaient avec la confession du médecin, nul ne put porter en doute qu'il ne fût un grand coupable. Tout à coup il tomba dans un total affaissement qui dura une heure ; il fut alors saisi d'horribles convulsions. Une lueur de raison lui revint ; il prononça avec désespoir le nom de son fils et celui de milady ; il les appela deux anges ; enfin il expira en implorant leur pardon.

A force d'instantes prières, lord Cramburn et George obtinrent qu'on ne ferait pas de procès-verbal, et que cette horrible affaire resterait dans l'oubli. Le juge de paix n'eut pas l'air de remarquer qu'on distribuait de l'argent aux gens qui l'avaient accompagné, pour acheter leur silence. Le baronnet fut enterré sans appareil, et le mystère ne fut connu que des habitans du château. Lord John fit partir la femme et les enfans de Knock; et, outre une somme qu'il leur donna, il leur promit de leur assurer un sort heureux.

Milady, qui n'avait pas quitté sa chambre, ignorait ce qui s'était passé; son frère, en lui apprenant la mort de son mari, lui avait caché les circonstances affreuses qui l'avaient précédée: cependant il ne put empêcher que Théodosia ne connût toute l'attrocité de sir Joseph. La lettre du médecin ne lui laisait aucun doute sur les crimes qu'il avait commis, et c'était pour elle un horrible tourment d'avoir été unie à un homme aussi coupable. George, toujours étourdi, lui proposa de changer de nom bien vite, en épousant milord

Cramburn. Théodosia gronda son frère de choisir un pareil moment pour se permettre une plaisanterie. Il assura qu'il parlait sérieusement; et, pour le prouver, il avoua que son ami était aussi au château. En apprenant une chose qu'elle était loin de soupçonner, elle éprouva une émotion si forte, qu'elle fut au moment de s'évanouir. George qui, dans le récit qu'il avait fait à sa sœur, n'avait omis que le séjour de son ami à Portland, n'eut que fort peu de chose à ajouter; mais c'en fut assez pour faire concevoir la meilleure opinion du cœur de John; son dévoue-ment à l'amitié sembla à Théodosia un héroïsme dont peu d'hommes seraient capables. George obtint pour son ami la permission de se présenter à milady; mais elle demanda quelques jours pour se disposer à recevoir sa visite.

Tandis que tant d'événemens extraor-

dinaires se passaient dans les apparte-
mens du château, une scène d'un genre
différent avait lieu chez le concierge
Blakbird : on en trouvera le détail
dans le chapitre suivant.

CHAPITRE V.

Le lecteur n'a peut-être pas oublié les circonstances qui avaient ramené Clara à la maison paternelle, qu'elle avait quittée à l'âge de six ans, pour devenir la compagne et la complaisante de miss Amélia Ross ; le départ de cette dernière, pour aller en Amérique épouser un ami de son père, n'aurait pas séparé deux personnes qui s'aimaient, si Clara eût pu vaincre l'effroi qu'elle éprouva en s'embarquant. Elle tomba dans des convulsions épouvantables. Amélia, ne voulant pas consentir qu'elle s'exposât à périr, la fit remettre à terre. Clara revint chez ses parens, où elle se trouvait comme

III.   12

une étrangère. Ayant été depuis son enfance dans une maison opulente, et étant presque autant l'amie que la suivante d'Amélia, son ton, ses manières, etc., étaient un contraste frappant avec le ton, les manières, etc. du concierge et de ses autres enfans. C'est ainsi que j'ai présenté Clara dans le XXV°. chapitre.

Le jour même où l'on avait enterré sir Joseph Lovering, on vit arriver plusieurs personnes d'une grande apparence ; des valets à livrée suivaient. Clara travaillait dans le parloir, M. et mistress Blackbird s'entretenaient de ce qui venait de se passer, et Mathilda essuyait quelques meubles. La porte s'ouvre, et le jeune garçon annonce des étrangers qui demandent le concierge. Clara lève les yeux, et, avant qu'elle ait eu le temps de manifester sa surprise, elle se trouve dans les bras, et se sent presser sur le sein de mistress Ross, qui la couvre de caresses ; une jeune et jolie dame saisit sa main, et la pose sur son cœur. Le reste du tableau offrait un cavalier de très-bonne mine, quoique ayant passé la première jeunesse. Les doux noms de mère, de fille et d'amie se répètent, se confondent. George était resté à la porte, et contemplait, avec moins de curiosité que d'intérêt, le pathétique d'une scène aussi imprévue. Tous occupés d'eux-mêmes, les acteurs ne s'aperçurent pas qu'ils avaient un témoin qui les observait : par ce moyen, George profita de l'éclaircissement qui suivit.

Amélia, n'ayant pu vaincre l'éloignement qu'elle se sentait pour l'ami de son père, autorisée par sa mère, engagea Clara à partir à sa place. La fille du concierge fit à l'amitié le plus grand sacrifice, en consentant à se

séparer de la personne qu'elle aimait
le plus au monde. Il fut convenu, dans
le petit conciliabule, qu'à son arrivée
en Amérique, elle instruirait M. Sedgmoor de la vérité ; elle devait lui remettre une lettre de mistress Ross,
dans laquelle cette tendre mère lui demandait en grâce de ne pas faire part
à son mari de l'échange qui avait eu
lieu, avant un an. Ce laps de temps paraissait suffisant pour disposer M. Ross
à un aveu que cependant on tremblait
de lui faire. Mistress Ross s'abstint de
voir sa fille pour ne faire naître aucun
soupçon ; mais elles étaient convenues
d'un moyen qui facilitait entre elles une
correspondance suivie.

Mistress Ross avait tenté plusieurs
fois, sans succès, de pressentir son mari
sur un événement qu'il faudrait bientôt
qui cessât d'être un mystère. M. Sedgmoor avait écrit deux lettres à son ami ;

dans chacune il le remerciait d'avoir contribué à le rendre le plus heureux des hommes ; il ne parlait de son épouse qu'avec l'enthousiasme de l'amour, et promettait de faire un voyage en Angleterre, pour témoigner à son ami toute sa gratitude pour le présent qu'il en avoit reçu. « Je désire, mandait-il, dire aux parens de mistress Sedgmoor, que le plus beau jour de ma vie a été celui qui a uni mon sort à celui de l'adorable Amélia. Mistress Ross ne concevait rien au style de Sedgmoor ; il lui vint à l'idée que Clara n'avait pas détrompé le prétendu d'Amélia, et s'était laissé marier sous son nom supposé. C'était faire une grande injure à la vertueuse Clara. La véritable Amélia à qui sa mère fit part, dans ses lettres, de celles arrivées de l'Amérique, rendit plus de justice à son amie. Elle pensa que les grâces, la beauté, l'a-

mabilité de sa représentante avaient
charmé Sedgmoor, et qu'il l'avait
épousé. C'était précisément ce qui était
arrivé. Clara Blackbird n'avait pas
attendu, pour détromper M. Sedgmoor,
qu'il eût eu le temps d'apprécier ses
excellentes qualités ; le jour même de
leur première entrevue, elle lui remit
la lettre de Mistress Ross. James parut
vivement affecté de l'antipathie d'A-
melia ; mais il n'en accueillit pas moins
bien celle qui avait entrepris un long
voyage pour servir l'amitié. Dès ce
moment il s'interdit de parler de miss
Ross, et traita Clara avec beaucoup
d'égards ; il la présenta à ses amis, sous
son véritable nom de miss Blackbird.
Dans les premiers jours, Clara se tint
dans une sorte de réserve, ne voulant
paraître se considérer ni comme l'égale,
ni comme l'inférieure de M. Sedgmoor :
c'était un rôle fort embarrassant ; mais

Clara joignait à beaucoup d'esprit naturel une éducation peu ordinaire. Élevée avec miss Ross, elle avait partagé
ses études, et profité des leçons que
recevait Amélia ; ensorte qu'elles
avaient acquis les mêmes sciences et
les mêmes talens. La place de Clara
était toujours à côté de sa jeune maîtresse, qui la traitait comme elle l'aurait fait une compagne de sa condition.
Peu à peu la gêne fit place à la confiance:
M. James avait chez lui une de ses tantes, femme âgée, mais infiniment
aimable : mistress Brook prit Clara
dans la plus grande affection; instruite
du singulier échange qui s'était fait,
elle fut la première à engager son neveu
à profiter de la bonne fortune que lui
offrait le sort. — Je ne connais pas,
lui dit-elle, miss Ross, mais je suis
sûre qu'elle ne vaut pas ma chère Clara;
il manque à celle-ci, à la vérité, la

naissance et la fortune de l'autre : quant à la fortune, je puis obvier à cet inconvénient, en la nommant mon héritière, et, je me trompe fort, ou mon James nesacr ifiera pas le bonheur de sa vie à l'orgueil d'épouser une fille de qualité. Notre famille a toujours été dans le commerce ; cet état honorable, pour être considéré n'a nul besoin de s'étayer par de nobles alliances. James Sedgmoor, depuis l'arrivée de Clara, pensait tous les jours à ce que sa tante venait de lui dire. On juge bien qu'il reçut cette ouverture avec empressement : il ne s'agissait plus que de savoir si miss Blackbird consentirait à faire son bonheur, en lui accordant sa main. Quelquefois il avait osé se flatter qu'elle ne le voyait pas avec indifférence ; mais le véritable amour est craintif ; il pria mistress Brook de sonder les dispositions de sa jeune amie. La franche et naïve Clara avoua, en rougissant, que, connaissant la distance qui la séparait de M. Sedgmoor, et ne pouvant supposer qu'il pût jamais être disposé à la franchir, elle avait résolu de se servir d'un prétexte spécieux pour retourner le plus tôt possible en Angleterre, espérant que l'absence effacerait de son cœur l'impression trop favorable que M. Sedgmoor y avait fait naître. En apprenant qu'elle était l'objet de son choix, et qu'il n'avait d'autre désir que celui de devenir son époux, Clara ne dissimula ni sa joie, ni ses sentimens; cependant elle observa que, vu sa minorité, elle ne pouvait se marier sans avoir, au préalable, obtenu le consentement de son père et de sa mère. Cet obstacle fut bientôt levé : la loi ayant prévu cette circonstance, émancipait un enfant, quand un trajet de mer le séparait de sa famille. On conçoit facilement la sagesse de cette loi, quand on calcule le nombre d'inconvéniens qu'entraînerait la nécessité d'attendre une réponse qui peut être six et huit mois à arriver, lorsque la maladie, et souvent l'honneur exigent une prompte conclusion. Clara, ne demandant pas mieux que d'être convaincue, consentit à fixer le jour de son hymen, et devint la femme d'un honnête homme, et d'un homme aimable. Sedgmoor, empressé de prévenir les désirs de celle qu'il idolâtrait, lui proposa de faire un voyage en Angleterre. Rien ne pouvait être plus agréable à Clara; elle accepta avec reconnaissance; et peu de temps après, M. et misstress Sedgmoor s'embarquèrent, laissant à misstress Brook la direction de toutes leurs propriétés. Ils se rendirent directement à Edimbourg, ignorant si Amélia habitait encore le château de Portland.

Dans tous les cas, il valait mieux voir mistress Ross. Un accès de goutte retenant M. Ross dans sa chambre, il fut facile aux voyageurs d'obtenir un entretien secret de la mère d'Amélia. Mistress Ross fut ravie de la bonne fortune de Clara ; elle complimenta M. Sedgmoor, lui assurant qu'il ne pouvait qu'être heureux avec une femme aussi vertueuse. — Elevée, dit-elle, avec ma fille, j'ai dû l'observer scrupuleusement à toutes les époques de sa vie, et je certifie qu'elle est digne du sort que la Providence lui a ménagé. Amie d'Amélia, elles ont partagé mes soins et ma tendresse. Quoique M. Sedgmoor n'eût pas attendu cet éloge pour accorder la plus entière estime à Clara, il n'en fut pas moins flatté de la justice qu'une femme respectable rendait à la sienne. La modeste compagne d'Amélia s'était mise aux genoux de sa bienfaitrice. — C'est à vous, madame, dit elle en lui baisant les mains, que je dois le peu que je vaux : soyez sûre que ma vive reconnaissance ne finira qu'avec ma vie. Mistress Ross releva Clara, et, la plaçant dans les bras de son époux : — Soyez heureuse leur dit-elle, et je serai généreusement récompensée. Le lendemain, M. Ross se trouvant assez bien pour qu'on ne craignît pas qu'une explication pût être préjudiciable à sa santé, M. Sedgmoor se présenta à son ami. — Cher James, s'écria-t-il, quel bon vent vous amène? — Le plus favorable, puisqu'il réunit deux amis. — Vous avez laissé mon Amélia en Amérique; j'aurais été bien content de la voir encore une fois avant de quitter la scène pour tout-à-fait. — Dieu merci, vous êtes encore éloigné d'un terme vers lequel nous marchons tous plus ou moins vite. Cher William, je suis venu avec ma femme. — Que le Ciel vous comble de ses biens, pour le bonheur que vous me procurez : pourquoi Amélia tarde-t-elle à paraître ? peut-elle ignorer le plaisir que j'aurai à la voir? M. Sedgmoor s'absenta un moment, et rentra, tenant son épouse par la main. Mistress Ross, qui les suivait, n'était pas sans inquiétude. — Mon ami, je vous présente mistress Sedgmoor, la meilleure et la plus aimée des femmes. M. Ross, qui, avait ouvert les bras pour y recevoir sa fille, les laissa retomber : une explication suivit. M. Ross commença par s'emporter contre sa femme, sa fille, son ami, et Clara : Sedgmoor réussit à lui faire entendre raison ; il tendit la main à son ami. — Vous avez raison, James ; puisque mon Amélia, qui ne vous connaissait pas, allait vous rejoindre avec chagrin, sa prévention l'aurait empêchée de vous apprécier, et peut-être auriez-vous été malheureux l'un et l'autre. Ma femme a bien fait, et je remercie Clara de son dévouement; une éternelle félicité en sera le prix. A présent, j'espère qu'on me rendra mon Amélia : son vieux père ne fera aucune difficulté de la prier d'oublier un entêtement qui lui a valu un dur exil : la pauvre enfant a bien dû souffrir. — Sa plus grande peine, dit mistress Ross, était de vous avoir désobéi. — Je le lui pardonne de bon cœur. Quand partez-vous pour l'aller chercher? — A l'instant même, répondit James ; la voiture attend la fin de notre entrevue. — Je voudrais vous accompagner ; mais ma maudite goutte ne le permet pas. Dites à mon Amélia que si je ne meurs pas de plaisir en la voyant, c'est que le ciel veut m'accorder assez de temps pour avoir celui de

lui faire oublier un tort que je me re-
procherai toute ma vie.

Toute la famille du concierge ne
pouvait revenir de son étonnement :
chaque membre à l'envi témoigna sa
reconnaissance à M. Sedgmoor, qui
traita les parens de son épouse avec
beaucoup d'égards. George, qui avait
été spectateur muet de cette intéressante
scène, attira bientôt l'attention géné-
rale ; on le vit se jeter aux genoux de
mistress Ross, et solliciter avec empressement la main de miss Amélia. — Qui
êtes - vous, monsieur ? — Un homme
qui n'est pas indigne de la faveur qu'il
ose attendre de vous : et George, avec
son impétuosité ordinaire, se nomma.

— Je connaissais de réputation M. votre
père ; je crois même qu'il y a eu une
alliance entre sa famille et la mienne :
ce sera un moyen pour vous présenter
à mon mari, qui seul a le droit de dis-

poser du sort de son enfant. Cette réponse, dictée par la raison, ne déplut ni à miss Ross, ni à George. En quelques lignes, je ferai connaître au lecteur la conclusion d'une histoire qui ne peut être considérée comme épisode, puisque George fait partie de la famille Tilbury. Ce jeune homme n'était pas indifférent à Amélia : elle en fit l'aveu à son père, qui, pour réparer le mal que son entêtement avait fait à sa fille, n'opposa aucune difficulté à l'exécution d'un mariage, d'ailleurs sortable, excepté sur l'article de la fortune. M Ross était fort riche, et Amélia était fille unique : mais cette circonstance ne fut point un obstacle.

Lord John avait partagé le bonheur de son ami, et par représailles, celui-ci avait obtenu que milady consentirait à recevoir milord Cramburn. Mistress Ross, instruite des malheurs qu'avait éprouvés Théodosia, ne voulut pas quitter le château sans emmener la sœur de George. Lady Lovering consentit sans peine à suivre la famille Ross à Edimbourg. Amélia et Théodosia s'étaient peu vues depuis le séjour de la dernière à Portland ; c'était Mathilda qui était seule chargée du soin du ménage. Amélia restait presque toujours dans sa chambre ; mais dès quelles furent rapprochées, elles désirèrent mutuellement de se lier plus intimement. M. Sedgmoor, avant de partir du château, convint avec son beaupère qu'il préviendrait le propriétaire qu'il eût à se pourvoir d'un autre concierge. L'attachement qu'il avait pour sa femme le décida à emmener toute sa famille en Amérique ; mais M. et mistress Blackbird préférèrent demeurer en Ecosse. James, qui peut-être n'était pas très-fâché de cette détermination,

III. 13

leur assura un sort heureux ; il dota Mathilda, plaça avantageusement le fils aîné, et fit une pension au plus jeune, qui, étant disgracié de la nature, resta avec ses parens.

M. Ross revit sa fille avec une joie délirante ; le mariage ne fut retardé que par les délais nécessaires en pareilles circonstances. Malgré son grand deuil, Théodosia assista au mariage de son frère, pour lequel elle avait remis son départ ; il lui tardait de retourner en Angleterre, afin de savoir des nouvelles de sa sœur. George et sa jeune épouse obtinrent la permission de reconduire lady Lovering à Romantic-Lodge, qui lui appartenait : cette terre faisait partie de son douaire. M. Tilbury s'engagea sous serment de ramener Amélia à Edimbourg dans quatre mois au plus tard. Cet arrangement fit d'autant plus de plaisir à lord John,

que Théodosia avait positivement assuré qu'elle ne voyagerait pas avec lui.
En quittant M. et mistress Ross, lady
Lovering en reçut les marques du plus
grand intérêt ; elle leur promit de venir
leur faire encore une visite avant la fin
de l'année. Ne pouvant raisonnable-
ment concevoir aucune inquiétude sur
le sort du frère et de la sœur, je vais
diriger toute mon attention sur les événemens qui doivent être survenus dans
le Somersetshire, depuis que je me suis
trouvée forcée de me transporter à
Portland-Peninsula.

CHAPITRE VI.

LE complice de Worm rejeta, ou crut
pouvoir rejeter tout l'odieux de son
infâme conduite sur celui qui non seulement ne pouvait plus payer ses services, mais qui allait partager sa juste
punition. Ses dépositions furent courtes:
il était dans la misère ; Alfred lui offrit
des secours s'il voulait se dévouer à ses
volontés : il le promit, et tint parole.
Depuis quelque temps, Alfred et lui
avaient tout disposé pour enlever
Adolphina, quand elle visiterait la
caverne. La terreur qu'inspirait ce lieu
était si grande, que Worm ne crai-
gnait pas que personne consentît à l'accompagner. Ce souterrain avait une

issue éloignée, de l'entrée, de plus de
deux milles de chemin, en raison
des détours qu'il fallait faire pour en
sortir. Alfred, qui guettait les deux
sœurs à travers des crevasses, avait vu
Théodosia tomber et s'évanouir. Tandis qu'il s'emparait de l'aînée, son con-
fident emporta la cadette dans une autre
partie, pour qu'elle n'entendît pas les
cris d'Adolphina, précaution d'autant
plus utile, que cette dernière usa de
toutes ses forces pour résister et se dé-
battre. Worm, depuis plusieurs mois,
avait loué une petite maison à neuf
milles de Wells ; après y avoir fait porter de la ville les meubles les plus nécessaires, il y laissa son complice : ce fut
là qu'ils conduisirent Adolphina. Tout
le temps qui s'écoula jusqu'à la majorité de miss Tilbury, Worm fit une
pension au misérable qui lui était
dévoué. Quand Alfred eut retrouvé

Adolphina à Bath, et que M. Eversfield la délivra de ses mains, il fut joindre son complice, et tous deux attendirent l'Américain sur le chemin de Shelter-House pour l'assassiner.

Ce récit fut à peine terminé, que le malheureux expira dans les plus horribles souffrances. Alfred, qui avait recouvré l'entière connaissance, entendit la déclaration de son complice avec un maintien impassible : quand il rendit le dernier soupir, il dit d'un ton calme : — Voilà déjà un scélérat de moins. — Puissent tous ceux qui lui ressemblent être anéantis comme lui, dit un des assistans. — Je le désire comme vous, reprit Worm ; malheureusement le nombre en est grand, et la justice trop indulgente. Il demanda si son tour ne viendrait pas bientôt. — Ma confession sera plus longue ; il faudrait se dépêcher : je sens que je n'ai que peu de temps à vivre. Le docteur fut consulté, et assura que le blessé pouvait aller jusqu'au lendemain. L'interrogatoire eut lieu quelques heures après. Alfred exigea qu'Esther fût présente, ainsi que M. Eversfield.

Je ne donnerai que le sommaire des aveux que fit ce misérable. Il était d'une famille honorable par sa naissance, sa fortune et sa probité : l'Irlande l'avait vu naître ; il était le plus jeune de cinq enfans. Plusieurs bassesses, et une conduite dissolue, le firent chasser de la maison paternelle et de sa ville natale. Après avoir traîné pendant plusieurs années sa coupable existence à travers une multitude d'actions viles et criminelles, il voulut esssayer d'arborer l'étendard de l'hypocrisie ; affectant les dehors de la vertu, il s'introduisit dans des familles estimables, pour y jouer le rôle d'instituteur. Ayant fait de bonnes études, il ne parut pas étranger à cet état. Son début eut lieu à Bristol. Depuis six mois il était précepteur d'un jeune homme de cette ville. Le physique de Worm était agréable ; il s'était fait un maintien modeste ; il paraissait doux, on le trouvait aimable. Voulant consolider la bonne opinion qu'il avait donnée de lui, il ne s'était encore rien permis qui pût faire naître des soupçons défavorables sur son compte : il commençait à se lasser d'une feinte perpétuelle quand son élève mourut. Ce fut le père de cet enfant qui le recommanda à M. Tilbury. Dans les premières années, Alfred avait formé quelques intrigues à Wokey, puis à Wells. Les valets de Shelter-House le savaient, mais les maîtres ne s'en doutaient pas.

Deux circonstances empêchèrent Worm de quitter la maison de M. Tilbury, comme il en eut un moment le projet. Miss Esther lui fit connaître qu'elle s'était aperçue de son mérite, et la beauté d'Adolphina, se développant avec les années, lui fit sentir que le cœur d'un scélérat n'est pas inaccessible au pouvoir de l'amour. Son imperturbable audace lui fit concevoir la possibilité d'obtenir de la vieille assez d'argent pour pouvoir s'emparer de la jeune; on voit qu'il n'admettait pas qu'aucune des deux pût lui résister. Du moment qu'il eut conçu ces idées, il renonça à cultiver la conquête d'une jeune fille de Wells, avec laquelle il devait passer en pays étranger, après avoir volé tout ce qui était de valeur à Shelter-House. A l'effet de se concilier tous les esprits, autant que possible, il s'étudia à ne jamais contrarier son élève: Il eut à ce sujet un double motif; car en laissant à George tous ses défauts, auxquels il

III.   14

avait essayé vainement de joindre des vices, il espérait pouvoir le rendre favorable à ses pernicieux projets : il avait cependant réussi à exciter tellement les passions du jeune homme, que long-temps il a été considéré comme un mauvais sujet. Ce fut sa liaison avec milord Cramburn qui changea totalement ses dispositions, et le rendit digne de figurer parmi les descendans de la famille Tilbury. Il fallait être aveuglé comme l'était Esther, ou absorbé par une mélancolie incurable comme l'était M. Tilbury, pour ne pas s'apercevoir des menées perfides du misérable précepteur.

Bientôt la passion qu'Alfred avait conçue pour Adolphina devint si violente, qu'il ne lui fut plus possible de la maîtriser. Aucun obstacle ne lui parut insurmontable pour arriver à son but, et il l'enleva comme on l'a vu.

Par différens mensonges, il était parvenu à calmer l'impatience que miss Esther Tilbury avait de devenir son épouse. Un oncle fort riche, qu'il dit avoir à Londres, voulait le marier, et lui avait choisi une femme. Pour donner une apparence de réalité à son assertion, il eut l'air de faire un voyage à la capitale. Ce fut durant cette dernière absence qu'il réduisit l'infortunée Adolphina à consentir à la plus odieuse union. A son retour à Shelter-House, il fit une nouvelle histoire à miss Tilbury; cependant il eut beaucoup de peine à obtenir un délai qu'elle accorda avec regret.

Quand Adolphina revint habiter la maison paternelle, la situation de Worm lui parut aussi affreuse qu'embarrassante : détesté de la femme qu'il idolâtrait, à laquelle les nœuds du mariage l'avaient uni, et pour laquelle il devait paraître indifférent, obsédé sans cesse par celle qui lui inspirait une sorte de repoussement, et qu'il était forcé de courtiser, ayant perpétuellement à combattre son inclination et son dégoût, certes si ce n'est pas là un commencement de punition, je ne m'y connais pas. Pour surcroît de tortures, il fut violemment atteint du tourment de la jalousie, tandis qu'Esther, qui s'en sentait dévorée, l'accablait journellement de reproches. L'amour est clairvoyant : Alfred avait lu dans le cœur d'Adolphina et de Francis Lovering bien avant qu'ils se doutassent eux-mêmes de leurs mutuels sentimens. La mort de M. Tilbury, en donnant une grande étendue à l'autorité de sa sœur, facilitait à Worm les moyens d'exécuter un dernier projet, qui le mettrait en possession de sa femme. Le peu d'ordre d'Esther, ou plutôt les

énormes sommes qu'elle avait sacri-
fiées à Alfred, lui faisaient redouter l'instant où il faudrait rendre ses comptes.
La majorité d'Adolphina était l'époque
fixée. Un seul moyen restait à cette
fille de mauvaise foi, pour se tirer d'affaire ; il fallait faire disparaître sa nièce
avant qu'elle eût atteint vingt-un ans.
Worm ne savait trop quel conseil lui
donner. Adolphina majeure, tout le
pouvoir de sa tante cessait, et sa mal-
versation la couvrait de honte. Ce moment redoutable pour Esther serait
celui du triomphe pour Alfred : un
jour avant il n'avait aucun droit. Dans
cette opposition d'intérêts, il était difficile de décider. Un nouvel enlèvement sembla tout concilier : Worm
promit à Esther de faire conduire sa
nièce à Surinam ; mais il faudrait payer
chèrement la réussite. Une pareille ex-
pédition pouvant compromettre ceux

qui y tremperaient, l'argent seul serait un stimulant pour les faire agir. Esther sentit la nécessité de s'exécuter, et le bien de l'orpheline fut employé à exercer contre elle l'action la plus atroce. Je ne répéterai pas, ce que le lecteur sait aussi-bien que moi, l'enlèvement d'Adolphina, le bonheur qu'elle eut d'échapper à son ravisseur, son séjour chez le respectable Gilbert Hammond à Green-Grove, le motif qui lui fit quitter le séjour de l'humanité, sa rencontre, à l'auberge de Bath, de Worm, la presque miraculeuse arrivée de M. Eversfield, le projet d'assassiner ce brave Américain, conçu par le désespoir et la rage, et enfin la conclusion naturelle d'une vie qui s'était écoulée dans de criminelles actions : telles furent les révélations du coupable Alfred. Esther l'avait écouté avec une fureur concentrée, qui donnait à sa figure l'expression la plus horrible ; on y lisait le combat épouvantable des plus hideuses passions. Quand il cessa de parler, la mégère se répandit en invectives ; si on ne l'eût arrêtée, elle se serait jetée sur celui qui naguère était l'objet de son idolâtrie. Ses efforts furent si violens, et l'explosion de sa colère si terrible, que plusieurs vaisseaux se brisèrent dans sa poitrine, et le sang sortit de sa bouche par torrens. Le médecin s'empressa de lui donner des secours ; elle était sans connaissance quand on la déposa sur son lit. Lorsque Alfred la vit emporter, on remarqua un éclair de plaisir se projeter sur ses lèvres livides. En ce moment, l'adjoint du juge de paix donna l'ordre qu'un garde fût placé à la porte de la chambre occupée par le coupable ; mais on s'aperçut qu'il n'existait plus : fin trop douce pour un monstre dont le jour de naissance en fut un de calamité pour tous ceux qui s'en approchèrent.

En quittant cet affreux spectacle, M. Eversfield s'informa des nouvelles de miss Tilbury. Le docteur lui dit qu'il avait arrêté l'hémorragie, mais qu'il était loin d'espérer pouvoir la sauver, qu'il croyait même qu'elle ne passerait pas la nuit. — Ainsi, monsieur, vous êtes certain qu'elle n'en peut revenir? — Je n'admets pas la possibilité de prolonger sa vie, même de vingt-quatre heures. — Il est très-important, continua M. Eversfield, que j'aie un entretien avec miss Tilbury; ce que j'ai à lui apprendre peut lui occasioner une forte révolution, qui hâtera peut-être sa mort; je m'en abstiendrais s'il restait le plus léger espoir. — Je vous répète, monsieur, qu'il n'en est aucun; de nouveaux vomissemens se succéderont jusqu'au moment où le sang l'étouffera. M. Eversfield fit rassembler dans la chambre de la malade toutes les personnes qui se trouvaient alors à Shelter-House,, puis s'approchant du lit, il prononça d'un ton solennel : — Esther Tilbury, qu'avez-vous fait des lettres de votre frère Henri? — Juste ciel! s'écria-t-elle, qui m'adresse cette terrible question? — Quel autre que la victime de votre odieuse cupidité? — Vous en imposez, mon frère Henri est mort. — C'est bien ce que vous avez fait croire. Malheureuse! il n'est plus temps de nier : je me suis muni de toutes les preuves les plus authentiques pour ne laisser aucun doute sur mon identité. J'ai aussi des preuves incontestables de votre atroce duplicité. Femme perverse, vous avez pu laisser mourir mon cher Tilbury sans le désabuser sur ma mort, et vous

avez eu la cruauté de séparer deux frè-
res qui s'étaient toujours aimés, en ca-
lomniant l'attachement que, même le
croyant ingrat, j'ai toujours conservé
à mon cher Richard. Je veux, et il faut
que tout le monde apprenne qu'il reste
aux orphelins de mon frère un oncle
qui n'estime sa fortune, fruit de ses travaux, et récompense de la plus scrupu-
leuse probité, qu'autant qu'elle lui
donne les moyens de faire un sort brillant à ses neveux. J'aurais désiré cacher
à tout le monde les torts énormes d'Esther, mais l'affreux attentat de Worm
a divulgué des circonstances qui m'o-
bligent à entrer dans beaucoup de détails. Il est nécessaire que je remonte à
l'époque où je perdis mes parens.

A la mort de mon père, nous res-
tâmes trois enfans, mon frère aîné, Esther et moi. Richard entra au service,
et je me destinai au commerce. Ma

mère, de qui venait le peu de bien que nous avions, préférait l'aîné aux deux autres ; je n'étais pas jaloux de mon frère, car il méritait d'être aimé : c'était le plus beau et le meilleur des hommes ; d'ailleurs je croyais connaître assez sa droiture, sa loyauté, pour ne pas craindre qu'il souffrît une injustice qui aurait en vue de le favoriser.

Un négociant, qui avait des propriétés en Amérique, me proposa de l'accompagner dans un voyage qu'il comptait y faire ; ma mère me conseilla d'accepter. Mon frère me vit partir avec peine, mais Esther cacha mal le plaisir que lui causerait mon absence. Moins indulgent que Richard, je disais quelquefois des vérités fort dures à ma sœur. Ma mère, qui connaissait mieux que personne le mauvais caractère de sa fille, disait souvent qu'elle plaignait ceux qui seraient forcés de vivre avec elle.

La tristesse que j'éprouvais en quittant mon frère semblait me pronostiquer que nous nous faisions un éternel adieu. Je me séparai de ma mère avec douleur, mais je n'accordai pas un regret à l'égoïste Esther.

Je m'attachai à la maison du négociant que j'avais suivi ; il m'avait pris dans une grande affection ; il me décida sans peine à rester avec lui : un nouveau concours d'affaires l'engagea à se fixer en Amérique. Thomas Loustal avait deux filles ; l'aînée, âgée de seize ans, était peu jolie, mais elle possédait toutes les vertus de son sexe : son père consentit avec plaisir à me l'accorder pour épouse, et elle me rendit le plus heureux des hommes. Sa sœur, fort jeune encore, était une des plus belles créatures qu'il fût possible de voir ; elle devint quelques années après la femme de mon ami Newman. Quoique beaucoup plus âgé que ma belle-sœur, et peu favorisé de la nature, il lui plut : de son côté Newman l'aimait tendrement. Ce Newman avait été tuteur, en Angleterre, d'une charmante personne, dont il fit la folie de tomber amoureux jusqu'à la démence. Malheureusement il se laissa guider par une femme méchante, et sa pupille eut beaucoup à se plaindre de lui. — Pourquoi n'ajoutez-vous pas que j'étais cette femme ? dit Esther. — Puisqu'il vous convient qu'on le sache, je ne le nierai pas. — Dites aussi que, voulant me débarrasser d'une rivale, je conseillai à M. Newman de passer en pays étranger, après avoir épousé Alithea Pateham. — Les projets des méchans ne réussissent pas toujours ; le capitaine Devis fut uni à celle qu'il aimait, et M. Newman quitta l'Angleterre.

Pendant les trois premières années, j'écrivis exactement à ma mère et à mon frère; jamais je n'en obtins une réponse. Je chargeai un voyageur de remettre lui-même une lettre de moi à mes parens; ce fut Esther qui la reçut : elle lui dit que ma mère était morte, qu'elle m'avait déshérité pour laisser toute sa fortune à Richard, à l'exception de 500 livres sterlings, seul legs qui lui ait été fait. — La perfide ajouta que mon frère s'était ruiné en peu de temps, et était parti pour le continent : rien n'était plus faux. Esther ne s'est pas bornée à me faire prendre une mauvaise opinion de mon frère, la malheureuse a voulu empêcher toute espèce d'explication entre nous, en faisant croire à Richard que j'étais mort riche, et que j'avais laissé tout mon bien à des étrangers pour l'en frustrer. Révolté de mon ingratitude, mon frère, désirant m'oublier, se fit une loi de ne jamais prononcer mon nom; je crois que ni sa femme ni ses enfans n'ont su que Richard avait eu un frère.

Un nouveau lien ayant resserré notre amitié, dès que Newman fut devenu mon beau-frère, notre mutuelle confiance devint sans bornes; c'est alors, Esther, continua M. Eversfield, que j'appris combien vous étiez peu digne d'appartenir à une famille respectable : vos affreux procédés avec l'épouse charmante que le Ciel avait accordée à Richard, me furent dévoilés depuis; Newman les ignorait. — S'il vous manque quelques détails à ce sujet, reprit la perverse Esther, je me ferai un plaisir de vous les donner. On ne vous a parlé que de mauvais procédés; c'est être peu exact dans une relation , et je me charge de rectifier l'erreur. Vous allez entendre la pure vérité : notre grand-oncle Lewis Tilbury , fort âgé et valétudinaire , jouissait d'une jolie fortune ; nous étions ses héritiers : le désir d'augmenter ma portion m'engagea à supposer votre mort. J'espérais que Richard resterait garçon , et qu'ayant toujours besoin de moi pour tenir sa maison , je serais constamment la maîtresse de tous les biens de la famille. Le mariage de mon frère contraria mes projets , et je me sentis dès lors un éloignement insurmontable pour ma belle-sœur. Il était fort naturel que je visse avec humeur une personne qui me frustrait de mes plus agréables espérances ; sa beauté , sa douceur , et enfin tous les moyens de plaire que la nature lui avait si généreusement départis, lui attirèrent mon implacable haine. Mal partagée du côté des charmes extérieurs, je devais être révoltée d'offrir continuellement une comparaison tout à l'avantage de mistress Tilbury. Il manquait aux sujets de mécontentement que me causait son installation dans la famille, qu'elle y joignît le tort impardonnable d'accroître les obstacles qui m'éloignaient d'une fortune que je convoitais depuis long-temps. En peu d'années, cette femme, née pour mon tourment, fut mère de trois enfans, qui devinrent aussi les objets de mon aversion. Le caractère de ma belle-sœur me fut bientôt connu; la franchise en faisait la base. Parmi les vertus qu'elle possédait, je dois convenir que la patience et la résignation marchaient en tête. Bien certaine qu'elle aimerait mieux souffrir en secret que de troubler la tranquillité de l'époux qu'elle aimait tendrement, je me vengeai de ses estimables qualités en la

tourmentant journellement : à la vérité, personne autre que sa femme de
confiance ne pouvait soupçonner mon
acharnement à la rendre malheureuse.
En public j'étais douce, prévenante,
et je savais si bien me contrefaire, que
même mon frère n'a jamais pu concevoir l'idée que j'étais pour celle qu'il
adorait le plus insupportable fléau ;
malgré tous mes petits triomphes, je
me sentais à chaque instant plus indi-
gnée de ma situation ; partout où l'on
nous voyait ensemble, je ne trouvais
qu'une froide indifférence, tandis que
cette abhorrée Fanny recevait toutes
les marques de distinction. J'aurais vo-
lontiers sacrifié la moitié de ma vie
pour faire terminer la sienne ; l'occasion s'en présenta, je la saisis avec
transport. Peu éloignée du terme où
elle devait accoucher, faible et malade, je lui suscitai une querelle ;

nous nous trouvions seules, je la mal-
traitai de paroles et d'effets. — Arrête !
s'écria M. Eversfield; ces odieux détails me font un mal affreux : c'est, je
crois, à cette fatale époque que ta passion effrénée pour le capitaine Devis
te suscita l'infernale pensée de faire
croire à l'infortunée que tu pouvais la
perdre aux yeux de son mari, en lui
montrant une lettre que ce jeune mili-
taire écrivait à miss Patcham. —Puisque vous le savez, je n'ai plus rien à
dire, et vous pouvez continuer votre
très-peu intéressante histoire. —Ce récit ne sera pas long. La mort de mon
épouse, qui bientôt fut suivie de celle
de sa sœur et de mon beau-père, me
donna une sorte de dégoût pour un
pays où j'avais fait des pertes irrépara-
bles. Un parent de feue mistress Tilbury avait conçu pour moi une grande
affection; il était très-riche, et en mou-

rant il me laissa toute sa fortune, sous la seule condition que je porterais son nom : c'est celui d'Eversfield. En me séparant de Newman, il me chargea de vous remettre une lettre, espérant que son contenu ferait quelque impression favorable sur votre cœur, qu'il ne croyait pas aussi foncièrement pervers. — Cette lettre n'était réellement propre qu'à consolider le mépris que j'avais déjà conçu pour votre digne ami. J'y ai reconnu le style ou d'un adroit hypocrite, ou d'un homme tombé dans une espèce d'imbécillité. Rien ne ressemble plus à la sotte pusillanimité comme un repentir de circonstance ; je n'en mériterai pas le reproche ; jamais on ne m'entendra proférer d'autre regret que celui d'avoir succombé dans mes projets. Effrayé d'un pareil endurcissement au vice, M. Eversfield s'éloigna de cette odieuse fille ; tous

les assistans le suivirent ; le docteur
seul resta : c'était un devoir qu'il trouva
bien pénible alors à remplir.

Avant le jour, Esther Tilbury fut
suffoquée par un vomissement de sang.
Sa mort fut apprise avec joie : telle est
toujours la fin du méchant. Qu'il doit
être terrible le long voyage qu'on com-
mence sous des auspices aussi épouvantables !

CHAPITRE VII.

Adolphina vivait très-retirée dans la maison de la veuve Reeden ; toutes deux passaient leurs journées dans diverses occupations de ménage ; le temps s'écoulait, non sans un peu d'impatience du côté d'Adolphina ; il lui tardait de recevoir des nouvelles de M. Eversfield. Les demi-phrases de cet homme estimable lui revenaient sans cesse à la pensée. Sans pouvoir se rendre compte des sentimens qu'il lui inspirait, elle se sentait portée à lui accorder toute sa confiance. La manière délicate avec laquelle il s'était empressé de pourvoir à tous ses besoins ; le courage qu'il avait montré à la défendre, et la tendre com-

passion qu'il lui avait témoignée indi-
quaient qu'un motif secret le guidait;
mais quel pouvait être ce motif? Ces
réflexions se terminaient toujours par
le plus ardent désir de revoir ce bon
Américain, et d'obtenir de lui des
éclaircissemens.

Adolphina aurait bien désiré savoir
si Francis Lovering était encore chez
le ministre Hammond. L'attachement
qu'elle avait conçu pour mistress Hammond lui aurait fait regarder comme un
grand bonheur de passer toute sa vie à
Green-Grove; elle y serait retournée
sans la crainte d'y être découverte par
le fils du baronnet : c'était lui qu'elle
devait fuir. L'espoir que lui avait donné
M. Eversfield ne pourrait jamais se réa-
liser. Une femme, forcée d'avoir recours aux lois pour faire rompre un
odieux mariage, ne serait plus digne
de Francis; il rejetterait la main de

celle dont le nom serait cité dans les tribunaux ; d'ailleurs elle - même ne consentirait jamais à offrir au public le spectacle immoral d'une femme divor-cée qui contracte un nouveau mariage; ainsi les obstacles lui paraissaient tel-lement insurmontables, qu'elle ne se permettait pas de penser qu'il serait peut-être possible qu'ils pussent s'a-planir.

Un matin que la veuve Reeden avait obtenu d'Adolphina qu'elle lui accor-derait sa compagnie pour déjeuner, leur languissante conversation fut in-terrompue par le bruit d'une voiture qui s'arrêtait devant la porte, et qui fut suivi de plusieurs coups de marteau. Adolphina s'approche de la fenêtre, dérange un petit rideau, et voit des-cendre un homme.... qu'elle ne peut méconnaître. — Au nom du Ciel, mis-tress Reeden, ne laissez entrer per-

sonne ici, ou procurez-moi le moyen
de fuir. La veuve n'eut pas le temps de
lui répondre; la porte du parloir s'ouvre; on voit entrer M. Eversfield, tenant par la main.... Francis Lovering:
ce dernier s'élance, et vient tomber
aux genoux d'Adolphina. — Enfin je
revois, s'écrie-t-il, la femme adorable
dont le souvenir a fait le tourment et
le bonheur de ma vie! Il avait saisi une
main qui s'efforçait de le repousser, et
la couvrait de baisers et de larmes. —
Par pitié, M. Lovering, relevez-vous
et éloignez-vous. — M'éloigner de mon
Adolphina! Jamais; mon sort est irré-
vocablement fixé : vivre toujours avec
vous, ou mourir. — Ah! M. Eversfield,
comment votre amitié ne m'a-t-elle pas
épargné une scène aussi déchirante? Je
vous avais permis de divulguer mes secrets. — Je sais tout; vous n'avez jamais
cessé d'être un ange; sans doute il y a

beaucoup d'orgueil à prétendre à votre possession, mais j'ose croire que je mérite cette faveur par les terribles sacrifices que je me suis imposés pour assurer votre repos. O mon Adolphina ! vous ne concevrez jamais comment j'ai pu supporter l'excès des chagrins dont j'ai été la proie. — Hélas ! je n'étais pas heureuse. — Je le sais ; mais en arrivant au port, on ne pense au danger qu'on a couru que pour se féliciter d'y avoir échappé. Adolphina couvrit ses yeux, et l'on entendit ses sanglots. —Vous pleurez, Adolphina ! Par grâce, M. Eversfield, apprenez lui ce que je n'ose lui dire : mon cœur est dans une insupportable agitation. Dieu tout puissant ! si l'espoir que vous m'avez donné n'était qu'une illusion, par pitié, faites cesser l'état d'anxiété où je suis. — Ma chère Adolphina, vous pouvez vous livrer à la joie, dit l'Américain, en prenant

doucement la main de la jeune personne ; Alfred Worm n'existe plus :
vous êtes libre de disposer de votre
main en faveur du plus méritant de
tous les hommes, de celui qui ne vous
fut jamais indifférent. Votre tante est
morte, et quoiqu'il vous reste encore
un parent très-proche, rien ne s'op-
pose à ce que vous suiviez le penchant
de votre cœur. —Il me reste un proche
parent ? répéta Adolphina d'un air
étonné. —Oui, ma bien-aimée nièce :
voyez dans votre ami un oncle qui vous
chérit tendrement, le frère de votre
père. — Ainsi le voilà expliqué cet in-
vincible penchant qui m'attirait vers
vous, dit Adolphina, en se jetant dans
les bras de son oncle. Puisque je trouve
en vous un second père, veuillez voir
en moi une fille soumise et dévouée. —
Depuis que je connais les enfans de
mon Richard, je me suis plu à les con-

sidérer comme s'ils eussent été les miens; oui, mon Adolphina, je serai pour vous un tendre père, et à ce titre je dois et veux m'occuper de votre bonheur. Je n'ai point oublié que dans le déchirant récit que vous m'avez fait de vos malheurs, votre candide franchise a bien voulu m'avouer.... Adolphina prit un air suppliant, et joignant ses mains, elle le pria de l'épargner. — Ce que tu me demandes, chère enfant, serait une cruauté; songe donc que ce pauvre Francis se meurt d'inquiétude; regarde; sa pâleur t'indique assez son état de souffrance : serais-tu donc insensible aux maux qu'il endure pour toi ? — Adolphina, dit Lovering d'une voix tremblante, prononcez mon arrêt : s'il me condamne au supplice d'être rejeté, je n'en appellerai pas; mais du moins mes peines auront un terme. — Je sais tout, m'avez-vous dit M. Loveting ; pourquoi donc semblez-vous douter de mon estime ? — C'est par vous, chère Adolphina, que je dois connaître mon sort. — S'il dépend de moi de le rendre heureux, pouvez-vous penser que je m'y refuse ? — C'en est assez, dit l'Américain, qui voulut faire terminer l'embarras de sa nièce ; nous sommes des voyageurs, et nous avons besoin de nous restaurer. Mistress Reeden aura sans doute pitié de nous, et ne nous refusera pas à déjeuner. La veuve s'empressa de servir tout ce qu'elle crut qui serait agréable à ses hôtes.

Adolphina aurait bien désiré savoir comment son oncle et Francis s'étaient rencontrés, mais elle n'osait en faire la question. Le jeune Lovering la devina, et demanda à M. Eversfield la permission de l'en instruire. — Il me faudra, ajouta-t-il, vous faire la relation de tout ce qui m'est arrivé depuis le jour affreux où je quittai Romantic-Lodge ; je n'ai pas besoin de vous dire que j'emportai avec moi un fardeau que je ne supportai que dans l'espoir que son poids anéantirait bientôt ma triste existence.

Mon départ de Romantic-Lodge devant assurer le repos de celle à qui j'aurais, avec joie, fait le sacrifice de ma vie, n'eut d'autre but que celui de vous débarrasser de la vue d'un homme dont la présence vous semblait importune. Incapable de former un projet pour l'avenir, j'aurais voulu laisser au hasard le soin de diriger mes pas. J'avais depuis long-temps à mon service une des plus honnêtes créatures qui existent. Leversheim était né en Autriche ; son père était Allemand, et sa mère Anglaise. Une de ses sœurs s'était mariée et était établie à Vienne ; il me proposa de me rendre dans cette ville :

mon indifférence sur tous les lieux que j'habiterais désormais me fit consentir à suivre son conseil. Mon voyage se fit sans aucun événement. L'état habituel de mon caractère étant devenu la mélancolie, j'aurais été fort embarrassé de donner la plus légère description des lieux et des choses ; je regardais sans voir, et j'écoutais sans entendre.

Nous descendîmes chez la sœur de Leversheim : son mari faisait le commerce, et leur maison, sans être opulente, annonçait une certaine aisance. J'en fus accueilli avec égard et respect, sentimens que je devais aux éloges que faisait de moi mon valet de chambre dans ses lettres. Mon titre d'étranger me fit souvent solliciter pour me laisser conduire dans tous les lieux dignes de la curiosité. Je ne cédai aux instances que pour me débarrasser des importunités ; cependant je m'appliquai à l'étude de la langue, dans laquelle je fis des progrès assez rapides.

Madame Kirdorf, nom de la sœur de Leversheim, avait deux enfans, un fils âgé de dix-huit ans et une fille de seize : le premier était attaché à la maison de l'empereur d'Allemagne. Christine, sa sœur, passait pour un modèle de beauté, et en était un de vertu et de sagesse. Quoique très-jeune, elle avait déjà refusé plusieurs fois de se marier. Un de ses soupirans, plus persévérant que les autres, continuait à l'obséder de ses assiduités ; fatiguée d'être ainsi importunée, elle pria ses parens de ne plus recevoir Frédérick. Outré de se voir entièrement congédié, cet homme crut, ou feignit de croire, que j'étais un obstacle à l'accomplissement de ses vœux. La vérité était que l'estimable Christine avait conçu pour moi un attachement fraternel, rien de plus. Je lui enseignai l'anglais, et je lui fis prendre une légère connaissance des différentes histoires des nations : elle apprit avec beaucoup de facilité la géographie, la mythologie, et elle commençait à jouer du piano passablement quand je quittai Vienne.

Je rentrai un jour plus tard que je n'avais coutume, quand, au détour de la rue que j'habitais, et qui était située dans un quartier fort isolé, je fus assailli par deux hommes qui me frappèrent en même temps d'un coup de couteau. Je tirai mon épée, et, malgré la perte de mon sang, je me défendais avec avantage. Malheureusement ma faiblesse trompa mon courage ; je me sentais défaillir : ce qui m'engagea à crier au secours, ce que je n'avais pas encore fait. A l'instant même un passant accourut, et tira si adroitement un coup de pistolet, qu'il abattit un de mes assassins; en même temps il saisit l'autre au collet : la garde, attirée par ses cris, arriva ; le misérable lui fut remis. Le mort était Frédérick ; son complice fut exécuté peu après. L'homme courageux à qui je devais la vie était un de mes compatriotes nommé le colonel Devis. Des raisons d'intérêt lui avaient fait quitter le service et l'Angleterre ; depuis beaucoup d'années il demeurait à Vienne. Son aimable femme, qui est miss Patcham, lui a donné plusieurs enfans beaux et bons comme leur mère, honnêtes et braves comme leur père. Il s'établit une sorte de liaison entre mistress Devis et madame Kirdorf. La belle Christine renonça à son projet de rester fille en faveur de Léopold Devis, charmant jeune homme qui méritait, sous tous les rapports, la préférence que mademoiselle Kirdorf lui accorda. J'ai assisté au mariage de

ces intéressans enfans : ils me regardaient comme la cause de leur bonheur, et m'étaient tendrement attachés.

Je recevais très-rarement des nouvelles directes de mon père, et dans
aucune de ses lettres il ne semblait désirer mon retour ; mais il avait soin de
m'envoyer de l'argent beaucoup plus
même que je n'en avais besoin. Les
deux seules personnes avec lesquelles
j'avais établi une correspondance (je
ne voulais pas qu'on sût où j'étais),
étaient mon digne et respectable instituteur, le docteur Hammond et un an-
cien ami d'enfance, dont les parens ha-
bitaient Bristol. Le jeune Nelson faisait
de fréquentes visites à un vieux parent
qui demeure à Wells. De fâcheux bruits
couraient sur sir Joseph Lovering :
Nelson me les manda. En apprenant
que la réputation de mon père était
compromise, je n'hésitai pas à quitter

l'Allemagne pour faire cesser, par ma présence, des soupçons affreux ; on disait que le baronnet, pour se débarrasser d'un censeur sévère dans ma personne, m'avait fait partir pour les Grandes-Indes, d'où probablement je ne reviendrais jamais. Le colonel Devis voulut absolument m'accompagner, et comme je m'y opposai fortement, il m'assura qu'il avait en Angleterre des affaires qui nécessitaient sa présence : ce fut mon bon génie qui m'inspira. Hélas ! si je n'avais hâté mon arrivée, deux hommes vertueux auraient été victimes. De trompeuses apparences faisaient peser sur eux un crime épouvantable : j'eus le bonheur de découvrir des preuves de leur innocence. — Combien s'augmente, par ce service rendu à mon neveu, la masse des obligations que j'ai contractées avec vous ! dit M. Eversfield, en interrompant le jeune Lovering.—N'exaltez pas ce que mille autres auraient fait à ma place. Adolphina pria Francis de continuer.

Le colonel voulant profiter de l'occasion pour voir un de ses parens (il m'avoua que nulle affaire ne l'avait appelé en Angleterre, mais que, ne voulant pas me quitter dans l'état d'abattement où j'étais plongé, il s'était servi d'un prétexte pour m'accompagner), le colonel, dis-je, fit un voyage à Londres. Je me trouvais si bien avec mon digne instituteur et son aimable épouse, que je projetais de rester à Green-Grove tout le temps de l'absence de mon ami. Mistress Hammond, sans connaître précisément le sujet réel de mes chagrins, cherchait à me consoler. Pour me distraire, elle me parlait souvent d'une jeune et charmante fille, que des malheurs et le hasard avaient conduite chez elle; il fallait être l'admirateur de miss Adolphina, pour ne pas désirer voir une personne que mistress Hammond me peignait sous les couleurs les plus ravissantes. Cécilia Brompton avait laissé dans le cœur du ministre et dans celui de sa femme un souvenir qui ne s'effacera jamais. Ici, les yeux d'Adolphina rencontrèrent ceux de son oncle : la première fit signe de ne pas encore détromper Francis, qui poursuivit sa relation.

Le désir de recevoir plus tôt des nouvelles du colonel Devis m'engagea à venir chercher moi-même sa lettre à Bath. Je partis ce matin de fort bonne heure de Green-Grove. A peu de distance de la ville, je vis une chaise arrêtée au milieu du chemin ; je m'approchai pour offrir mes services s'ils étaient nécessaires. — De grâce, monsieur, me dit un homme qui paraissait soutenir quelqu'un dans la voiture, n'auriez-vous

pas quelques sels sur vous? mon maître
se trouve mal, le postillon est allé
chercher du secours, mais il tarde à
revenir. Je me hâtai de faire respirer
mon flacon à l'inconnu, qui revint
promptement à lui : ce n'était qu'un
fort étourdissement. M. Eversfield,
vous vous doutez bien, miss, que c'é-
tait votre respectable oncle, me fit infiniment plus de remercîmens que ne
méritait une action aussi simple; il me
pria de monter dans sa chaise, et en
attendant le retour du postillon, nous
causâmes. Je lui appris mon nom : il
me connaissait de réputation. Quand je
sus qu'il était le brave et loyal Américain, propriétaire de Nothing-Place,
et que tous les habitans des environs
aiment et estiment, je lui demandai
son amitié. Pour preuve qu'il acquies-
çait à ma prière, il me confia qu'il venait à Bath pour y chercher sa nièce

miss Adolphina Tilbury ; j'osai le supplier de me permettre de l'accompagner. Instruit par lui des motifs qui
vous avaient fait rejeter l'offre de ma
main, j'ai eu la présomption d'espérer
que les circonstances ayant changé,
vous ne dédaigneriez peut-être pas de
récompenser celui qui fut si malheureux, par la crainte de vous être in-
different. — Je vais sans doute, monsieur Lovering, vous paraître bizarre
en vous avouant que je voudrais, avant
de retourner à Shelter-House, faire
une visite à Green-Grove. J'ose croire
que mon oncle ne me refusera pas de
m'y accompagner ; je sollicite aussi
votre compagnie. L'attachement que
le respectable ministre et sa vertueuse
épouse ont pris pour Cécilia Brompton
me donne bonne opinion de cette jeune
personne, et me fait désirer savoir s'ils
en ont eu des nouvelles ; je serais fort

aise aussi, si par hasard elle était retournée auprès de ses protecteurs, que nous fissions connaissance. Francis accepta la proposition avec empressement, et la visite ne fut remise qu'au lendemain. En approchant de Green-Grove, Adolphina éprouva un battement de cœur causé par la joie de revoir ceux qu'elle aimait tendrement. Pour n'être pas reconnue de la vieille Bridget, elle baissa son chapeau sur ses yeux. Francis donnait la main à sa bien-aimée, et M. Eversfield suivait. Mistress Hammond travaillait dans le parloir, et le curé lui faisait la lecture. Les visiteurs étaient descendus de voiture à une portée de fusil du presbytère : nul bruit n'avait prévenu de leur arrivée. Bridget annonça trois étrangers : en entrant, Adolphina écarta son chapeau. Mistress Hammond lève les yeux et s'écrie : Cécilia ! Le curé

III.   17

prononce le doux nom de ma fille.
Miss Tilbury s'élance, et veut se jeter
aux genoux de sa mère d'adoption ;
mais celle-ci lui ouvre les bras, et la
reçoit sur son cœur. Adolphina quitte
un moment mistress Hammond pour
prendre et baiser la main du ministre,
qui s'empresse de la serrer contre son
sein. — Dieu tout puissant ! je te bénis,
dit avec véhémence l'épouse du pas-
teur : tu me rends mon enfant chéri,
la plus aimable et la meilleure des femmes. — Je n'oublierai de ma vie, mon
cher Francis, que c'est vous qui nous
ramenez cet ange de douceur, reprit le
digne curé ; c'est un service que je ne
pourrai jamais acquitter. Le jeune Lovering n'éprouva qu'un moment de surprise. — Ciel ! s'écria-t-il ; comment
n'ai-je pas conçu que miss Tilbury était
la seule personne au monde digne des
éloges qu'on me faisait de la feinte Cé-

cilia ? M. Eversfield s'était retiré dans un coin de la chambre, où il jouissait du spectacle le plus touchant. Cette reconnaissance ne l'avait point étonné ; il était instruit de la relation qui avait existé entre sa nièce et les habitans de Green-Grove ; mais il n'avait pu se faire une juste idée de l'extrême bonté qui régnait dans les traits de mistress Hammond, ainsi que de la figure noble et expressive du ministre. Les premiers momens d'un grand bonheur inattendu occasionent toujours une espèce de confusion dans les discours ; l'ivresse du bonheur s'exprime souvent d'une manière inintelligible pour un tiers. Les seuls acteurs de ces délicieuses scènes se comprennent parfaitement.

Adolphina fut prendre son oncle par la main, et le présenta à ses amis : on se fit mutuellement l'accueil le plus flatteur. Mistress Hammond fit promettre à M. Eversfield qu'il ne parlerait pas de quitter Green-Grove avant huit jours. Henri s'y engagea avec plaisir ; il donna, en outre, sa parole de ramener sa nièce avec une autre personne, sitôt qu'une certaine cérémonie, qui devait avoir lieu à Nothing-Place, serait terminée. Adolphina devint fort rougé. Francis prit la main du bon Américain, et la pressa sur son cœur. M. et mistress Hammond se regardèrent en souriant : on ne dit pas un mot, et cependant il ne resta nulle incertitude sur la signification des paroles qu'avait prononcées M. Eversfield.

Les huit jours promis s'écoulèrent dans de continuels épanchemens d'amitié. L'Américain se trouvait aussi bien avec ses nouvelles connaissances que si vingt années eussent consolidé leur liaison.

Adolphina se plaisait infiniment à Green-Grove ; cependant elle fut la première à solliciter le retour à Shelter-House : l'espoir d'apprendre des nouvelles de sa sœur et de celles de son frère lui faisait désirer de se rapprocher de Romantic-Lodge et de Little-Hill. Mistress Hammond, pour alléger les regrets de sa chère enfant, consentit à l'accompagner. Le ministre recommanda sa femme et sa fille adoptive à M. Eversfield et à Francis, et ne s'en sépara pas sans ressentir quelque inquiétude. — Fiez-vous à ma tendresse, dit le jeune homme, du soin de veiller sur un si précieux dépôt. L'Américain s'engagea à préserver ses charmantes compagnes de voyage de tout événement fâcheux. Au moment de monter en voiture, on vit arriver le colonel Devis ; après avoir fait et reçu les complimens d'usage, le colonel prit congé de M. Hammond, changea de cheval, et se mit en route avec les partans.

CHAPITRE VIII.

Lady Lovering, son frère, sa belle-
sœur et milord Cramburn avaient fait
un fort heureux voyage, et étaient tous
arrivés en bonne santé à Romantic-
Lodge; on y était instruit de la mort
du baronnet : étant peu aimé, cette
nouvelle n'affligea personne. Le pro-
chain retour de milady, qui était an-
noncé, causa une joie genérale; on
connaissait sa douceur, sa bonté, sa
bienfaisance : tous ses vassaux se ré-
jouirent de la revoir parmi eux. Dès
qu'on l'aperçut, les habitans coururent
au-devant d'elle, et lui témoignèrent,
par des cris d'allégresse, le plaisir qu'ils
éprouvaient. Théodosia les accueillit

avec bienveillance, et leur promit de s'occuper de leur bonheur à venir. Mistress Tilbury ne fut pas plutôt connue pour l'épouse du frère de milady, qu'elle eut aussi sa part de marques de respect et de dévouement. Le contentement fut au comble, quand on sut que Heart-Iron, redouté dans tout le pays, avait cessé de vivre. Après avoir obtenu de milady Lovering la permission de revenir à Romantic-Lodge, lord John en prit congé, et retourna à Little-Hill, où il fut reçu comme un bon père au milieu de sa famille.

Le premier soin de Théodosia fut de s'informer si l'on avait eu des nouvelles de sa sœur ; une réponse négative répandit la tristesse dans son âme. Elle demanda si sa tante était à Shelter-House. Les gens se trouvèrent très-embarrassés ; ils n'osaient entrer dans le détail des événemens qui avaient pré-

cédé et suivi la mort de miss Tilbury ;
cependant milady répéta sa question :
il fallut bien en venir à une explication. Tel ménagement que mît la femme
de charge en racontant quelques circonstances qu'il fallait qu'elle sût ,
Théodosia comprit que sa tante s'était
déshonorée , et que sa mémoire devait
être en horreur parmi tous les honnêtes
gens. En prenant des informations ,
elle sut que M. Eversfield , pour lequel elle avait ressenti estime et amitié,
était son oncle, et qu'il avait failli être
victime de la perversité de sa sœur et
de la scélératesse d'Alfred Worm : elle
aurait bien désiré que son oncle ne fût
pas absent; il lui tardait de voir un
aussi proche et aussi estimable parent.
Dans la situation embarrassante où elle
se trouvait, elle avait besoin d'un guide;
et qui mieux que le frère de son père
pouvait lui en servir? Le constant atta-

chement de milord Cramburn la dispo-
sait à recevoir ses soins ; cependant ne
se sentant pour lui qu'une amitié fra-
ternelle, ne devait-elle pas refuser une
union qui ne le rendrait pas aussi heureux qu'il méritait de l'être. Combien
elle se reprochait son indifférence pour
un homme à qui la nature avait accordé
tous les moyens de plaire ! Pourquoi
son cœur rebelle à la raison persistait-il
dans son égarement ? Toutes ces réflexions troublèrent son repos ; le sommeil semblait la fuir, enfin elle s'en-
dormit vers le matin, et ne se réveilla
qu'en entendant Jenny frapper doucement à sa porte, pour lui annoncer que
M. Eversfield et d'autres personnes at-
tendaient son lever avec beaucoup d'impatience. Elle se jeta à bas de son lit,
et se hâta de s'habiller, ne concevant
pas comment il pouvait être midi,
Jenny attendait qu'elle ouvrît sa porte.

— Milady va être bien surprise, dit-elle à sa maîtresse. — Ne venez-vous pas de me dire que M. Eversfield était ici ? Instruite de son arrivée, je ne serai nullement surprise de le voir. — Il n'es pas seul. — Qui donc est avec lui ? — Une personne qui ne vous est pas in-différente. Milady s'élance vers le par-loir, en criant : — Mon cœur me dit que c'est ma sœur. Elle ouvre précipi-tamment la porte; à peine a-t-elle fait un pas, qu'elle se trouve dans les bras d'Adolphina : toutes deux se tiennent embrassées, et ne peuvent exprimer leur joie qu'en se pressant mutuelle-ment. Henry, craignant qu'une trop vive émotion ne leur fût nuisible, es-saie de les séparer : il y parvient avec peine.—Francis, dit-il à M. Lovering, soutenez votre bien-aimée Adolphina, conduisez-la sur un fauteuil : je me charge de Théodosia. Les bras de lady

Lovering se détachent d'eux-mêmes, et elle tombe sans force sur un canapé. Pendant quelques minutes, ses yeux restèrent attachés sur le plancher, et de grosses larmes sillonnaient ses joues décolorées : tout à coup elle se relève, et s'approchant de sa sœur : — Adolphina, dit-elle, je vous prie de me présenter à notre respectable oncle. — Point de cérémonie, ma fille, dit le bon Eversfield, en pressant sa nièce contre son sein. Nous nous estimions comme simples connaissances ; nous allons nous aimer comme de bons parens. George s'avança, tenant son épouse par la main. — Chère Adolphina, dit-il, acceptez une seconde sœur : mistress Tilbury ne se croira parfaitement heureuse qu'en obtenant une place dans le cœur des sœurs de son époux. Adolphina embrassa tendrement Amélia, et complimenta George sur le bonheur qu'il avait eu de devenir possesseur de la main d'une femme aussi charmante. Le colonel Devis eut aussi sa part des choses flatteuses que lady Lovering distribua à tout le monde. M. Eversfield dit qu'arrivés à Nothing-Place depuis quarante-huit heures, ils avaient appris la veille le retour de Théodosia à Romantic-Lodge en même temps que la mort du baronnet, et que l'impatience de revoir sa sœur avait décidé Adolphina à venir dès le matin pour la surprendre, et jouir plutôt du plaisir de l'embrasser. Théodosia avait éprouvé une émotion si vive qu'elle faillit perdre connaissance ; mais un moment suffit pour la rendre à elle-même. Une révolution favorable s'opéra en elle : le bandeau de l'illusion tomba, et changea totalement ses sentimens. Une joie douce régnait sur tous les visages, et pour la première fois, depuis bien des années, les murs de Romantic-Lodge ne renfermaient que des heureux.

La journée se passa en se rendant mutuellement compte des événemens survenus à chaque individu. L'assemblée réunie à Romantic-Lodge étant composée presqu'uniquement de la famille Tilbury, aucune réticence ne fut nécessaire. On peut se rappeler que M. Eversfield avait lu dans le cœur de lord John, dès les premiers temps de son arrivée dans le Sommersetshire, la passion violente qui s'était emparée du cœur de milord Cramburn lui était connue; mais il ignorait si milady Lovering y était sensible. Vainement il avait cherché à s'assurer de ses sentimens; la conduite constamment vertueuse de cette charmante femme ne pouvait donner prise au plus léger soupçon. Désirant de la dédommager des

souffrances que lui avait fait endurer
son premier hymen, il forma le projet
de l'unir à celui qu'il pensait le plus
digne des préférences d'une femme délicate et sensible. Lord John lui paraissait fait pour mériter l'attachement
de celle qui ne serait pas prévenue en
faveur d'un autre : c'était là ce dont
Henry voulait s'assurer avant de manifester ses intentions. Pour y parvenir,
il eut un entretien secret avec Théodosia : la trouvant disposée à entrer
dans ses vues, il lui exprima la joie
qu'il en ressentait. — Voir les enfans
de mon cher Richard heureux, dit-il,
a toujours été l'objet de mes vœux.
Combien je le serai moi-même, en pensant que j'y aurai contribué. Théodosia
ne mit qu'une condition à son consentement ; c'est qu'avant de communiquer à personne son projet, milord
Cramburn recevrait, en sa présence,

un aveu qui peut-être changerait ses dispositions favorables. L'incertitude étant la chose qui déplaisait le plus à M. Eversfield, il fut sur-le-champ chercher lord John, qui était à Romantic-Lodge, et l'amena à sa nièce. — Mon oncle m'a fait part, milord, lui dit-elle, du désir qu'il aurait de vous voir devenir mon époux ; sans doute il suppose que cette union pourrait contribuer à votre bonheur. — Une supposition, dites-vous, milady ? c'est une réalité. M. Eversfield n'a pu se méprendre sur les véritables sentimens de mon cœur. Lord John s'était mis aux genoux de Théodosia. — Vous fûtes, lui dit-il, l'objet de mon adoration depuis le premier instant qui vous offrit à ma vue, et je jurai alors de n'aimer jamais que vous. — Relevez-vous, je vous prie, milord, et veuillez m'écouter. Deux motifs me décidèrent à accepter la main

d'un homme que je savais qui me rendrait malheureuse ; sir Joseph avait mis
pour condition à son consentement au
mariage de son fils avec ma sœur, que
je deviendrais son épouse. Je n'ignorais
pas qu'Adolphina aimait Francis, et
qu'elle en était aimée : n'étant pas instruite de l'obstacle qui s'opposait à cette
union, je crus l'assurer en me sacri-
fiant ; j'avais encore une autre raison :
ici, la voix de milády s'affaiblit, et la
plus vive rougeur couvrit son visage. Je
n'avais pas pour le jeune Lovering le seul
sentiment que méritaient ses qualités
estimables.... mon mariage avec son
père anéantissait pour jamais toute es-
pérance d'être payée de retour : le temps
et la raison ont rendu à mon cœur toute
sa tranquillité. Cependant, milord, il
n'est point insensible à l'attachement
que vous me témoignez ; je ne vous
dirai pas que je ressens pour vous une

tendresse bien vive, mais après mes chers parens, vous êtes la personne que je chéris le plus. Si ce sentiment vous convient, je suis à vous, et je crois pouvoir vous assurer que vous n'aurez jamais à vous plaindre de mon indifférence. — Vous obtenir, femme adorable, comble tous mes vœux; c'est à mon amour, à mes soins, à mériter d'être aimé de vous. Cet entretien devant être un secret, on se promit de n'en pas parler : seulement M. Eversfield fit part à tout le monde du mariage de Théodosia avec Lord John. Les habitans de Romantic-Lodge ne parurent pas étonnés : ils avaient remarqué l'assiduité du jeune homme près de la jeune veuve : rien n'était plus sortable que cette union ; elle fit plaisir à tous.

CONCLUSION.

A la fin du deuil de milady Lovering, elle devint la compagne de milord Cramburn : le même jour vit l'union d'Adolphina et de Francis Lovering. Mistress Hammond servit de mère à sa fille adoptive. M. Eversfield dota richement ses deux nièces, et assura un état brillant à George Tilbury. La fortune de la femme de ce dernier, déjà considérable, rendit sa maison une des plus opulentes d'Edimbourg.

M. Eversfield voulant réunir chez lui, une partie de l'année, ceux qu'il appelait ses enfans, fit augmenter son habitation de Nothing-Place, et par des offres très-avantageuses aux différens propriétaires, il parvint à faire de ce lieu une vaste et magnifique terre. Il créa une cure, fit bâtir une jolie maison avec beaucoup de dépendances, et fixa les émolumens du ministre à une somme considérable. Tout étant disposé, le bon Américain (on continuait à le nommer ainsi) fut chercher M. et mistress Hammond, et les établit au presbytère de Nothing-Place.

Milord et milady Cramburn passaient trois mois à Londres; le reste de l'année, ils étaient presque toujours chez M. Eversfield : rarement on les trouvait à Little-Hill.

M. et mistress Lovering étaient censés habiter Romantic-Lodge; mais pour les voir, il fallait aller à Nothing-Place.

M. et mistress Tilbury, suivant la promesse de George, retournèrent en Ecosse. Ayant eu le malheur de perdre M. et mistress Ross, ils revinrent en

Angleterre, et se fixèrent à Shelter-House, où cependant ils restaient à peine huit jours de suite. Nothing-Place avait pour eux un attrait irrésistible ; ainsi le plus excellent des hommes trouvait la récompense de ses vertus dans l'attachement de toute sa famille.

Le reste des acteurs qui ont figuré dans cet ouvrage est d'un bien faible intérêt ; cependant pour suivre la règle des romanciers, je vais, autant que ma mémoire me le permettra, les faire passer en revue sous les yeux de mes lecteurs, qui peut-être leur ont déjà fait justice, en ayant oublié même leur nom.

Le colonel Devis retourna en Allemagne sitôt après le mariage de son ami Francis Lovering. Il y retrouva Léopold son fils, père de deux jolis jumeaux, que la charmante Christine Kirdoff venait de mettre au monde.

Leversheim, le fidèle valet de chambre de Francis, devint l'époux de la sémillante Josepha : malgré l'inégalité d'âge ils furent heureux.

Jenny consentit à accorder sa main à Lovely, à condition qu'ils ne quitteraient ni l'un ni l'autre le service de leurs anciens maîtres milord et milady Cramburn.

La fermière Adamson, et Fanny sa fille, qui avaient aidé à la fuite d'Adolphina, quand elle échappa à son persécuteur Alfred Worm, Mery et Deborah Blackhead, causes de l'entrée d'Adolphina chez mistress Hammond, furent généreusement récompensés de leur humanité.

Mistress Sedgmoor, en correspondance suivie avec son amie mistress

Tilbury, ne cessait de la remercier du bonheur qu'elle lui devait. Un bon mari est un présent du ciel, dont on doit le bénir à tous les instans de la vie. J'en ai pu citer jusqu'à six. Puissent mes modèles faire beaucoup de prosélytes et inspirer le désir de les imiter!

FIN.

A. ÉGRON, IMPRIMEUR
DE S. A. R. MONSEIGNEUR DUC D'ANGOULÊME,
rue des Noyers, n. 37.

[illegible] [illegible] [illegible] [illegible]
[illegible] [illegible] [illegible] [illegible]
[illegible] [illegible] [illegible] [illegible]
[illegible] [illegible] [illegible] [illegible]
[illegible] [illegible] [illegible] [illegible]
[illegible] [illegible] [illegible] [illegible]
[illegible] [illegible] [illegible] [illegible]